Wissenschaftliche Beiträge aus dem Tectum Verlag

Reihe Theologie

WISSENSCHAFTLICHE BEITRÄGE
AUS DEM TECTUM VERLAG

Reihe Theologie

Band 9

Boris Hogenmüller

# Melchioris Cani *De Locis Theologicis Libri Duodecim*

Studien zu Autor und Werk

Tectum Verlag

Boris Hogenmüller

Melchioris Cani *De Locis Theologicis Libri Duodecim*. Studien zu Autor und Werk
Wissenschaftliche Beiträge aus dem Tectum Verlag:
Reihe: Theologie; Bd. 9


ISBN: 978-3-8288-4219-9

ISSN: 1861-6836

E-Book: 978-3-8288-7125-0

Umschlagabbildung: Erstausgabe *De Locis Theologicis Libri Duodecim*, 1563, Salamanca

Printed in Germany


Besuchen Sie uns im Internet
www.tectum-verlag.de

**Bibliografische Informationen der Deutschen Nationalbibliothek**
Die Deutsche Nationalbibliothek verzeichnet diese Publikation in der Deutschen Nationalbibliografie; detaillierte bibliografische Angaben sind im Internet über http://dnb.d-nb.de abrufbar.

*Meiner Familie*

# Vorwort

Das vorliegende kleine Buch ist das Ergebnis vieler Jahre intensiver Beschäftigung mit dem spanischen Dominikanertheologen Melchior Cano und dessen berühmtesten Werk *De locis theologicis*. Daraus hervorgegangen sind eine Reihe von Studien zu grundlegenden Fragen wie auch Vorträgen zu Einzelphänomenen, die sich in überarbeiteter Form gesammelt hier wiederfinden. Mein Dank ergeht an all diejenigen, die mich im Laufe der Jahre bei deren Anfertigung unterstützt haben.

Zu besonderem Dank bin ich Herrn Prof. Dr. Elmar Klinger verpflichtet, der als Leiter des an der Universität Würzburg durchgeführten und von der DFG geförderten Projekts „Melchior Cano – De locis theologicis. Textkritische Edition des lateinischen Textes und deutsche Übersetzung" (2006 bis 2009) mein Interesse für Melchior Cano geweckt hat. Für seine stets kritischen und weiterführenden Anmerkungen bin ich sehr dankbar.

Ebenso großer Dank ergeht an Herrn Dr. Thomas Franz, meinen sehr geschätzten Kollegen aus den Würzburger Projektjahren, der mich zur Veröffentlichung dieses Büchleins in manchem Gespräch in der Vergangenheit animiert hat. Herzlichen Dank dafür.

Für die mühevolle Aufgabe des Korrekturlesens danke ich Herrn Studienrat Dr. Peter Günzel von Herzen, der sich trotz vieler weiterer Verpflichtungen die Zeit hierfür genommen hat.

Den größten Dank jedoch schulde ich unbestreitbar meiner Familie, die mich jederzeit und bedingungslos auf meinem Weg begleitet und unterstützt hat. Ihnen sei dieses Buch gewidmet.

# Inhaltsverzeichnis


**I Kapitel** **Melchior Cano *De locis theologicis* – Überlegungen zur Entstehung** ........ 1

I.1 Stand der Forschung ........ 1

I.2 Canos Biographie ........ 2

I.3 Canos Schriften ........ 4

I.5 Die chronologische Entstehung der *Loci theologici* ........ 9

I.5.1 LT II: Auctoritas sacrae scripturae ........ 12
I.5.2 LT III: Auctoritas traditionum Christi et Apostolorum ........ 13
I.5.3 LT IV: Auctoritas ecclesiae catholicae ........ 14
I.5.4 LT V: Auctoritas conciliorum ........ 15
I.5.5 LT VI: Auctoritas ecclesiae Romanae ........ 16
I.5.6 LT VII: Auctoritas sanctorum veterum ........ 17
I.5.7 Exkurs: Die Besonderheit des VIII. und IX. Buches ........ 18
I.5.8 LT VIII: Auctoritas theologorum scholasticorum ........ 19
I.5.9 LT IX: De octavo loco qui rationis naturalis argumenta continet ........ 20
I.5.10 LT X: Auctoritas philosophorum naturam ducem sequentium quae nono loco posita est ........ 21
I.5.11 LT XI: Auctoritas humanae historiae ........ 21
I.5.12 LT XII: De locorum usu in scholastica disputatione ........ 23

I.6 Chronologie ........ 24

**II Kapitel** **Textkritische Bemerkungen zu den *Loci theologici*** ........ 27

II.1 Erstes textkritisches Beispiel ........ 28

II.2 Zweites textkritisches Beispiel ........ 30

II.3 Schlussfolgerung ........ 32

**III Kapitel** **Der Einfluss des Grobianismus auf die Entstehung der *Loci theologici*** ..... 33

III.1 *Grobianismus* ..... 34

III.2 Die Spuren des Grobianismus in den *Loci theologici* ..... 36

III.3 Schlussfolgerung ..... 40

**IV Kapitel** **Die Drucklegung der *Editio princeps* in Salamanca 1563** ..... 43

IV.1 Ausgangslage ..... 43

IV.2 Die Wertigkeit der *Censura* und der beiden Lizenzen ..... 45

**V Kapitel** ***Melchioris Cani Vindicationes*, Padua 1714** ..... 49

V.1 Die literarische *Vindicatio* des 16. Jahrhunderts ..... 51

V.2 Gliederung und Inhalt der *Vindicationes* ..... 52

V.3 Die Bedeutung der *Vindicationes* ..... 54

**VI Kapitel** **Die Rezeption der römischen Literatur – Cicero, Pacuvius und Agrippa von Nettesheim in den *Loci theologici*** ..... 57

VI.1 Vorbemerkungen ..... 57

VI.2 Pacuvius' *Antiopa* ..... 58

VI.3 Aufbau des IX. Buches ..... 61

VI.4 Feinde der Philosophie – Luther – Agrippa – Zethos ..... 62

VI.5 Agrippa ein ‚alter Zethus'? ..... 65

**VII Kapitel** **Die Rezeption der Römischen Historiographen – Sallustius Crispus und Cornelius Tacitus in den *Loci theologici*** ..... 69

VII.1 Die Tradition der taciteischen und sallustianischen Schriften – Von der Antike bis zur Renaissance ..... 70

VII.2 Die Autorität der Geschichte in den *Loci theologici* – Die Verwendung der Werke des Sallust und des Tacitus ............ 72
VII.2.1 Sallust ............ 73
VII.2.2 Tacitus ............ 77
VII.3 Ergebnis ............ 79

**VIII Kapitel Die Rezeption der Griechischen Literatur – Platon und Marsilio Ficino in den *Loci theologici*** ............ 81
VIII.1 Die Definition eines *locus (theologicus)* – Plat. Men. 86e–89c (LT I,3) ............ 82
VIII.2 Gottes Schuldlosigkeit am Bösen – Plat. rep. 379a–380c (LT II,4) ... 84
VIII.3 Exkurs: Die Überlieferung der platonischen Werke in der Renaissance ............ 89
VIII.4 Die Existenz mündlicher Tradition – Platon ep. 314a1 (LT III,3) ..... 91
VIII.5 Ergebnis ............ 99

**IX Addenda** ............ 101
IX.1 Kopie der *Censura*, Padua 1714 ............ 101
IX.2 Transkript der *Censura* ............ 103
IX.3 Übersetzung der *Censura* ............ 105

**X Literaturverzeichnis** ............ 107
Textausgaben ............ 107
Sekundärliteratur ............ 107

# I Kapitel Melchior Cano *De locis theologicis* – Überlegungen zur Entstehung

## I.1 Stand der Forschung

Zu den Hauptschriften aus dem umfangreichen Œuvre[1] des spanischen Dominikaners Melchior Cano (1509 - 1560) zählt die zwischen den Jahren 1543 (?) und 1560 in Unterbrechungen verfasste, doch erst 1563 postum publizierte Abhandlung *De locis theologicis*. Als Grundlagentext der katholischen Theologie des 16. Jahrhunderts beeinflusste diese Schrift die neuzeitliche Theologiegeschichte nachhaltig. In ihrer Programmatik, von der Albert Lang sagt, sie stelle „den ersten systematischen Versuch und zugleich einen Jahrhunderte unüberbotenen Höhepunkt theologischer Erkenntnislehre und Methodologie"[2] dar, ist sie auch zu Beginn des 21. Jahrhunderts für die Erkenntnis- und Prinzipienlehre der Theologie von nicht zu missachtender Bedeutung. Dass Canos zentrales Werk jüngst erneut in den Blick der modernen Forschung geraten ist, belegen eine Vielzahl wissenschaftlicher Publikationen in Spanien.[3] Vor allem die „Schule von Salamanca", deren Hauptvertreter die Dominikaner Francisco de Vitoria (gest. 1545), Melchior Cano (gest. 1560), Domingo de Soto (gest. 1560) und Canos Schüler

1 Neben *De locis theologicis* liegen veröffentlicht folgende Schriften vor: *Relectio de sacramentis in genere* und *Relectio de sacramento poenitentiae* (Salamanca 1550); *Tratado de la Victoria de sí mismo* (Valladolid 1550); Canos Voten auf dem Konzil von Trient in den Konzilsakten (1551)(= CT VII/1,124–127. 261–264. 387–390); Canos Gutachten für den Kaiser: *Parecer de Fr. Melchor Cano sobre la guerra con el Papa Paulo IV* (1556); *La censura de Melchor Cano y Domingo de Cuevas al Catacismo y otros escritos de Carranza* (1559); vgl. dazu auch Lang (1925) 7; Belda Plans (1982) 27; Körner (1994) 71–75.

2 Vgl. Lang (1958) 918.

3 Aus der großen Fülle seien hier stellvertretend die Arbeiten von Caballero (1871; ND 1980), Beltrán de Heredia (1933) 178–208, Sanz y Sanz (1959), Casado (1972) 55–81, Muños Delgado (1980), Pérez Ramírez (1984) 95–128, wie auch einige aufschlussreiche Studien Belda Plans (1982), (2000), (2006) und (2013) genannt.

Domingo Báñez (gest. 1604) waren, steht seit geraumer Zeit im Mittelpunkt dieser Forschung.[4]

Auch im deutschsprachigen Raum ist ein wachsendes Interesse an Canos Schriften im letzten Jahrhundert festzustellen, was die Aktualität dieses Autors zu beweisen vermag.[5] Noch immer fehlen jedoch eine deutschsprachige Übersetzung wie auch eine zeitgemäße Edition des lateinischen Textes, die den modernen wissenschaftlichen Vorgaben gerecht wird.

Um diese Lücke zu schließen, startete am 1. Februar 2006 unter der Leitung des Würzburger Fundamentaltheologen Elmar Klinger das von der DFG geförderte Forschungsprojekt „Melchior Cano, De locis theologicis. Textkritische Edition des lateinischen Textes und deutschsprachige Übersetzung". Das nach drei Jahren endende Projekt brachte neben der deutschen Übersetzung und Edition des Textes auch neue Erkenntnisse in der Cano-Forschung hervor. Die Publikation der Übersetzungen ist jedoch noch nicht erfolgt.

## I.2 Canos Biographie

Melchior bzw. Melchor Cano gilt als Zeitgenosse Martin Luthers und war wie dieser eine illustre Persönlichkeit des 16. Jahrhunderts. Geboren am 6. Januar 1509[6] (oder 1506)[7] in Tarancón in der Diözese Cuenca[8] – als Sohn des Juristen Fernando Cano und dessen Frau Maria Del-

4 Zu erwähnen sind insbesondere die Arbeiten von Borobio (2006), Jericó Bermejo (2005), Orrego Sánchez (2004) und nochmals Belda Plans (2000).

5 Neben A. Lang (1925) seien in chronologischer Reihenfolge die Beiträge von Beumer (1954) 53–72, Horst (1960) 207–223, Giersaths (1962) 3–29, Klinger (1978), Seckler (1987) 37–65, Körner (1994), Klinger (2005) 139–152, und Seckler (2006) 17–43 erwähnt.

6 Vgl. zur Diskussion des Geburtsortes Pérez Ramírez (1984) 95–128; zur Diskussion des Geburtsjahres Caballero (1871) 183–189; dazu Belda Plans (2006) XXXIII; ders. (2013) 2.

7 Juan Belda Plans gab sein Buch zu Canos 500. Geburtstag heraus, spricht jedoch von seinem Tod im Alter von knapp 52 Jahren [Belda Plans (2006) LXIV und (2013) 33].

8 Vgl. Lang (1925) 2. Dem gegenüber tritt Juan Sanz y Sanz (1959) dafür ein, dass Cano in Pastrana, wo dessen Vater ab 1510 als Jurist tätig war, geboren ist. Dieses Da-

gado del Valle[9] –, trat er im August des Jahres 1524 mit 15 Jahren in den Dominikanerorden ein. Im Jahr 1527 begann er das Studium der Theologie und Philosophie in Salamanca und Valladolid unter den zur damaligen Zeit hoch angesehenen Lehrern Diego de Astudillo und Francisco de Vitoria, dem er 1546 als Professor für Theologie in Salamanca nachfolgen sollte. Canos philosophische Lehrtätigkeit begann 1533 im Konvent San Gregorio in Valladolid, ab 1536 lehrte er dort auch Theologie und wurde 1542 zum Professor für Philosophie an die Universität Alcalá de Henares berufen. Im Studienjahr 1546/47 und 1547/48 las er zunächst über das *Vierte Sentenzenbuch* des Petrus Lombardus (Pietro Lombardo, geb. um 1095/1100 in Lumellogno bei Novara, gest. 1160 in Paris). Aus diesen Vorlesungen gingen die beiden *Relectiones* (*de sacramentis in genere*, 1548; *de sacramento poenitentiae*, 1549) hervor. Auf Veranlassung Kaiser Karls V., den Cano in theologischen Fragen beriet, wurde der Dominikaner am 30. Dezember 1550 als Konzilsberater nominiert[10] und nahm am zweiten Teil des Konzils von Trient (1551/52) teil. In den Beratungen über die Eucharistie, die Buße und zur Frage des Opfercharakters der Heiligen Messe trat er aktiv in den Vordergrund.[11] Nach der Rückkehr vom Konzil wurde Cano von Papst Julius III. zum Bischof der Kanarischen Inseln ernannt (1553); dieses Amt trat er jedoch nicht an, verzichtete in der Folge sowohl auf das Bistum als auch auf seine Professur in Salamanca (1553/54) und zog sich in den Konvent Piedrafita bei Avila zurück. Im Jahr 1554 wurde Cano Rektor des San Gregorio-Kollegs in Valladolid, 1557 Prior von St. Esteban in Salamanca. Seine ebenfalls in dieses Jahr fallende Wahl zum Ordensprovinzial wurde nicht durch den Papst bestätigt. Wegen einiger Äußerungen, die Papst Paul IV. missfielen, wur-

---

tum scheint allerdings aufgrund einer Verwechslung falsch zu sein, vgl. Körner (1994) 71 Anm. 6.

9 Vgl. Caballero (1871) 43.

10 Die Gründe dafür liegen wohl in Canos Arbeiten über die Sakramente (1546/1547: *Relectio de sacramentis in genere*; 1547/1548: *Relectio de sacramento poenitentiae*), denen die nachfolgenden Sessionen des Konzils gelten sollten, vgl. Körner (1994) 72.

11 Vgl. Körner (1994) 72: „In der 13. Session meldet er sich am 9. September 1551 zum Sakrament der Eucharistie zu Wort, in der 14. Session am 24. Oktober 1551 zum Bußsakrament und in der 15. Session am 9. Dezember 1551 zur Frage des Opfercharakters der Heiligen Messe […].“

de Cano 1556 nach Rom berufen. Diese Reise trat der Dominikaner jedoch erst im Jahr 1560 an, nachdem Pius IV. Papst geworden war. Dort wurde er von allen Vorwürfen freigesprochen. Während desselben Romaufenthalts im Jahr 1560 erhielt Cano nach seiner erneuten Wahl zum Ordensprovinzial die endgültige päpstliche Bestätigung.

Bereits am 21. Mai 1559 hielt Cano die Predigt zum Autodafé in Valladolid. Bei diesem wurden 66 evangelische Christen verurteilt, darunter Antonio Herrezuelo zum Tode durch Verbrennen und Leonor de Cisnere zu einer Bußstrafe. Am 30. September[12] 1560 verstarb Melchior Cano überraschend im Alter von 51 Jahren im Kolleg Petrus Martyr in Toledo.[13] Weder die genaue Ursache seines Todes noch sein Grab sind bekannt.

## I.3 Canos Schriften

Noch zu Lebzeiten zirkulierten aus Canos reichem Œuvre die folgenden Schriften[14]:

1. *Relectio de sacramentis in genere* und *Relectio de sacramento poenitentiae* (Salamanca 1550) – eine Abhandlung über die Sakramente im Allgemeinen und das Sakrament der Buße, hervorgegangen aus Canos Vorlesungen 1547 bis 1549.
2. *Tratado de la Victoria de sí mismo* (Valladolid 1550) – eine Schrift über die sieben Todsünden und der Möglichkeit, ihnen zu entgegnen.
3. Canos Äußerungen auf dem Konzil von Trient finden sich gesammelt in den Konzilsdokumenten (1551) (= CT VII / 1.124–127. 261–264. 387-390).
4. *Consulta de theologos, si Su Magestad puede pedir á Su Santidad para vender los vasallos de las Iglesias de España y Respuesta de los Theologos* (Valladolid 1553).

12 Nach einer Angabe in der 14. *Vindicatio* in der Ausgabe von H. Serry (Padua 1714) starb Cano am 6. November 1560.

13 Zum Todesort vgl. Caballero (1871) 43. Vgl. zu Canos Biographie die ausführliche Darstellung bei Lang (1925) 2–12; Körner (1994) 71–73; Belda Plans (2013) 2–33; Doskey (2018) 14–51.

14 Vgl. Doskey (2018) 52–80.

5. *Parecer de Fr. Melchor Cano sobre la guerra con el Papa Paulo IV* (1556) – das von Cano erstellte Gutachten für Kaiser Philipp II legitimiert die grundsätzliche Kriegsführung gegen den Papst als weltlichen Herrscher des Kirchenstaates. Darin ist wohl ein Grund dafür zu sehen, dass Cano später in den Fokus der spanischen Inquisition geraten ist.
6. *La censura de Melchor Cano y Domingo de Cuevas al Catacismo y otros escritos de Carranza* (1559) – Canos von dem Großinquisitor Fernando de Valdés y Salas in Auftrag gegebene Gutachten über die Schrift des Ordensbruders Bartolomé Carranza.
7. *Censura y paracer que dio contra el Instituto de los PP. Jesuitas.* – das Manuskripts des vorliegenden Gutachtens wurde 1977 zufällig in London entdeckt und enthält Canos äußerst negatives Urteil über den Jesuitenorden. Die Entstehungszeit wird in den Zeitraum zwischen 1552 und 1556 gelegt.[15]
8. Aus den Jahren 1543 bis 1559 liegt eine große Anzahl von Briefen vor, die neben offiziellen Schreiben auch solche aus dem privaten Umfeld beinhalten.[16]

Aus der Reihe der bekannten Schriften ist Canos Hauptwerk *De locis theologicis* besonders hervorzuheben. Die *Editio princeps* des Werkes wurde 1563 postum in Salamanca veröffentlicht. Weitere Drucke entstanden 1564 in Löwen, 1567 in Venedig, 1569 in Löwen, 1574 und 1585 in Köln.[17]

In den heute bekannten zwölf Büchern – Cano selber plante die Abfassung von 14 Büchern, sein plötzlicher Tod verhinderte jedoch die Vollendung – wurde erstmals in der Geschichte der Theologie der Versuch unternommen, aus dem reichen Fundus der Orte (*loci*) diejenigen auszuwählen, die der Theologie eigen sind, und sie ihrer inneren Stärke und Bedeutung im Hinblick auf die Disputation anzuordnen.

Cano bezog sich dabei indirekt auf die berühmte Abhandlung *De inventione dialectica* des Rudolph Agricola, die erstmals 1515 veröffentlicht wurde. Darin erläuterte Agricola den Hauptzweck der Dialektik als die Auffindung von Argumenten (*inventio*) und die Struktur der

15 Vgl. O'Reilly (1992) 369–380.
16 Vgl. dazu die Appendix in Caballero (1871) 456–638.
17 Zu den verschiedenen Editionen vgl. Caballero (1871) 373–386; Belda Plans (2006) LXXXV–LXXXIX; ders. (2013) 51–56.

Argumentation (*dispositio*) gemäß der rhetorischen Theorie des Antike. Den Prinzipien Agricolas folgend und gleichzeitig auf theologische Fragen anwendend, bestimmt Cano zehn „Orte der Theologie", die ihrer Bedeutung nach geordnet, in den nachfolgenden Büchern behandelt werden. Ziel ist es dabei, die argumentative Kraft (*vis*) des diskutierten Ortes zu definieren und schließlich zu bestimmen, aus welchem Ort *argumenta certa* bzw. lediglich *argumenta probabilia* extrahiert werden können.[18]

Canos Auswahl folgend gibt es sieben der Theologie eigene Orte (*proprii loci*) – darunter ist neben der Autorität der heiligen Schriften auch die Autorität der Kirchenväter und die der Konzilien zu verstehen –, diese enthalten die Worte von jenen Männern, die in Anwesenheit oder unter dem Einfluss des Heiligen Geistes (*spiritu sancto adspirante*) geschrieben bzw. gesprochen haben.

Hinzu kommen drei weitere Orte, die der Theologe zu untersuchen hat, obwohl sie der Theologie nicht zu eigen sind: die Philosophie, die Autorität der Naturphilosophen – damit sind die alten heidnischen Philosophen wie Plato und Aristoteles gemeint – und die Autorität der Profangeschichte. Obgleich es sich um Orte handelt, die der Theologie fremd sind (*loci alieni*), enthalten sie dennoch zuverlässige (*argumenta certa*) oder zumindest wahrscheinliche Argumente (*argumenta probabilia*). Daraus leitet Cano ab, dass auch diesen fremden Orten Autorität in der theologischen Diskussion zugesprochen werden sollte. Folglich ist es notwendig, beide Quellen (*fontes*) von Argumenten zu verwenden, das Eigentümliche und das Fremde, um in jeder Diskussion in Sachen des Glaubens Erfolg zu haben.

Um seine Methode zu beweisen, gibt Cano drei verschiedene praktische Beispiele im XII. Buch (*De locorum usu in Scholastica Disputatione*), von denen das letzte der Frage nach der Unsterblichkeit der Seele (*De immortalitate animae*) gewidmet ist.[19] Dieses Thema sei nach Canos eigener Aussage von besonderer Güte, da die Diskussion über diesen Gegenstand beide Arten von Argumenten berühre und folglich zur endgültigen Widerlegung des Gegners sowohl *argumenta propria* als auch *argumenta aliena* benötigt würden.

---

18 Zur Lehre der *loci theologici* und deren Vorgeschichte vgl. Körner (2014) 93–111.

19 Vgl. dazu Hogenmüller: Dogmatischer Beweis (2013) 301–323.

Dieses neue und geradezu innovative Theologieverständnis beeinflusste die sich etablierende systematische Theologie in den nachfolgenden Jahrhunderten und regte gerade im 17. und 18. Jahrhundert immer wieder namhafte Theologen wie Gaspard Juénin, Girolamo Buzi, Johann Opstraet und Benedict Stattler dazu an, weitere, sich in Anordnung und Gewichtung abgrenzende Traktate über die „Orte der Theologie“ zu verfassen.[20]

## I.4 Die Auswahl der *loci*

Nach Canos Einteilung gliedert sich die Reihenfolge der zehn Orte der Theologie in den Büchern II–XI[21] folgendermaßen[22]:

*Primus igitur locus est auctoritas Sacrae Scripturae, quae libris canonicis continetur.*

*Secundus est auctoritas traditionum Christi et apostolorum, quas, quoniam scriptae non sunt, sed de aure in aurem ad nos pervenerunt, vivae vocis oracula rectissime dixeris.*

*Tertius est auctoritas Ecclesiae Catholicae.*

*Quartus auctoritas Conciliorum, praesertim generalium, in quibus Ecclesiae Catholicae auctoritas residet.*

---

20 Vgl. dazu Hogenmüller: Orte der Theologie (2012) 169–184.

21 Während Buch I ein die Gesamtschrift einleitendes Proömium darstellt, wird in Buch XII über die Verwendung der Orte in der scholastischen Disputation erörtert; über die ursprünglich von Cano beabsichtigte Gliederung vgl. Belda Plans (2000) 564: „1) Introducción. Noción, enumeración y división de los lugares teológicos en general (libro 1); 2) Parte teorética. Exposición detallada de la naturaleza y valor probativo en la argumentación teológica de cada uno de los diez lugares teológicos (libros 2 a 11); 3) Parte practica. Exposición del uso de los lugares teológicos en la disputa escolástica, en la exposición de Sagrada Escritura y en la controversia teológica con los herejes y paganos (libros 12 a 14). De todo este plan sólo se escribieron los 12 primeros libros, quedando así la obra *De locis* incompleta, aunque bastante avanzada (sólo faltaron dos libros de los 14 previstos).“ Vgl. dazu auch LT I,1; Lang (1925) 80–86; Körner (1994) 93–108; Belda Plans (2006) LXXXIV; ders. (2013) 49–51.

22 LT I,3.

*Quintus auctoritas Ecclesiae Romanae, quae divino privilegio et est et vocatur Apostolica.*

*Sextus est auctoritas sanctorum veterum.*

*Septimus est auctoritas theologorum scholasticorum, quibus adiungamus etiam juris pontificii peritos. Nam juris huius doctrina, quasi ex altera parte, scholasticae theologiae respondet.*

*Octavus ratio naturalis est, quae per omnes scientias naturali lumine inventas latissime patet.*

*Nonus est auctoritas philosophorum, qui naturam ducem sequuntur; in quibus sine dubio sunt Caesarei jurisconsulti, qui veram et ipsi, ut jureconsultus ait, philosophiam profitentur.*

*Postremus denique est humanae auctoritas historiae, sive per auctores fide dignos scriptae, sive de gente in gentem traditae, non superstitiose atque aniliter, sed gravi constantique ratione.*

Den Vorrang vor allen anderen Orten nimmt die Autorität der Heiligen Schrift ein, die in den kanonischen Büchern begründet liegt. Daran anschließend fügt Cano als zweiten Ort die Autorität der apostolischen Tradition an, die schriftlich und mündlich überliefert worden ist. Der dritte Ort ist die Autorität der Katholischen Kirche, gefolgt von der Autorität der Konzilien und jener der Römischen Kirche. Die Orte sieben und acht enthalten die Autorität der alten Heiligen bzw. der Kirchenväter und die der scholastischen Theologen und Gelehrten des kanonischen Rechts. Die nicht theologischen Orte neun, zehn und elf sind der natürlichen Vernunft - sie jedoch besitzt keine Autorität –, der Autorität der Philosophen und der Autorität der Profangeschichte zugesprochen.

Auffallend erscheint in Canos Aufzählung, dass es aus seiner Sicht neben den sieben erstgenannten fachspezifischen theologischen *loci* (*peculiares quosdam theologiae locos*), die sich aus der theologischen

Autorität begründen lassen, drei weitere nicht fachspezifische theologische Orte geben muss.[23]

Mag es auch möglich sein, die beiden genannten *loci* ohne größere Schwierigkeiten nachzuvollziehen, so ändert sich dies sicher vor dem Hintergrund des zweiten der drei nicht theologischen Orte, den Cano als die *auctoritas philosophorum* bezeichnet. Dass gerade Philosophen, *qui naturam ducem sequuntur*, eine nicht zu leugnende Autorität zugesprochen wird, wirft einerseits die Frage auf, in welcher Beziehung die Philosophie für Cano einen *locus* bietet, aus dem der Theologe Argumente für seine Disputation entnehmen kann, andererseits aber auch, welchen Philosophen aus Canos Sicht explizit diese Autorität zukommen sollte.

## I.5 Die chronologische Entstehung der *Loci theologici*

Ein besonders großes und bis heute noch immer unzureichend geklärtes Problem der Forschung zu den *Loci theologici* betrifft die Frage nach deren zeitlichen Entstehung.[24]

Grundsätzlich muss bei der Annäherung an diese Fragestellung Canos Biographie näher betrachtet werden, um auf dieser Grundlage

23 Aus diesen drei letztgenannten *loci* können zwar keine (glaubensspezifische) *argumenta propria*, jedoch für die Theologie durchaus notwendige *argumenta ascripta* bzw. *argumenta velut ex alieno emendicata* entnommen werden. Im zweiten Kapitel führt Cano die grundlegende Unterscheidung zwischen einer Argumentation *a ratione* und einer Argumentation *ab auctoritate* ein. Die Theologie besitzt im Vergleich zu den anderen Wissenschaften, die ihre *argumentatio a ratione* führen, den Sonderstatus der *argumentatio ab auctoritate*, so dass es zwangsläufig zwei Arten von loci geben muss (LT I,2: *Duplices loci, uni ex auctoritate, alteri ex ratione*). Doch es ist nach Canos Überzeugung dem Theologen bei seiner Auseinandersetzung mit Häretikern bedingt möglich, beide Arten des Argumentierens heranzuziehen (LT I,3: *Nam cum sint, ut supra dixi, duo genera argumentandi, unum per auctoritatem, alterum per rationem, cumque illud proprium sit theologi, hoc philosophi, confugiendum theologo est ad posterius, si ut ei non licet superiori. Quamquam licet aliquando utrumque simul argumentandi genus adhibere, ut suo postea loco demonstraturi sumus*).

24 Vgl. Bernhard Körners Schlussfolgerung (1994) 87: „Im strikten Sinne des Wortes beweisen kann man beim vorliegenden Informationsstand nur, dass die letzte, heute vorliegende Fassung der Bücher I bis X nicht vor 1548 niedergeschrieben worden ist, die letzte Fassung der Bücher XI und XII nicht vor 1553."

diejenigen zeitlichen Abschnitte einzugrenzen, in denen es ihm möglich gewesen wäre, seine *Loci theologici* schriftlich zu fixieren. Fünf mögliche Zeiträume stechen dabei hervor:

1. Der früheste Zeitraum ist in Canos Studienzeit bei seinem Lehrer Francisco de Vitoria in Salamanca zwischen 1525 und 1531 zu setzen.
2. Der zweite liegt in der Zeit nach 1533 bis 1542, als Cano in Valladolid zuerst Philosophie, ab 1536 Theologie lehrte.
3. Ein dritter möglicher Zeitraum ist zwischen den Jahren 1542 und 1546 während Canos Lehrtätigkeit an der Universität von Alcalá de Henares anzunehmen.
4. Das vierte Intervall liegt zwischen 1546 und Canos Abreise zum Konzil von Trient im Jahr 1551. In dieser Zeit lehrte er Theologie an der Universität von Salamanca.
5. Der letzte Zeitraum ist zwischen Canos Rückkehr vom Konzil (1552), dem Rückzug in den Konvent von Piedrafita und seinem Tod im Jahr 1560 anzunehmen.

Die Forschung der letzten 100 Jahre, obwohl nicht völlig eindeutig, scheint diese zeitlichen Überlegungen wie auch die These zu bestätigen, dass Cano mit Unterbrechung an der Abfassung der *loci* gearbeitet hat.[25]

Bereits Albert Lang spricht sich 1925 für eine Zweiteilung in der Abfassung der Bücher aus. Während die Bücher I bis X in Alcalá und Salamanca zwischen 1543 und 1550 entstanden und nach 1553 überarbeitet worden sein sollen, sieht er die Abfassungszeit der Bücher XI und XII nach Canos Rückzug in den Konvent von Piedrafita im Jahr 1553 bis zu seinem Tod 1560.[26] Vincente Beltrán de Heredia wiederum hält den Beginn der Abfassung nach Canos Arbeiten an seinem Kommentar zur *Summa theologiae* des Aquinaten (1544, oder aber in seiner Lehrzeit in Salamanca 1548) für wahrscheinlich. Bernhard Körner wiederum bietet im eigentlichen Sinn keine neuen Ansätze, weist aber auf Grundlage der Ergebnisse von Juan Sanz y Sanz[27] nochmals expli-

25 Cano selbst gibt im Proömium des ersten Buches explizit zu verstehen, dass die Entstehung der Schrift lange vor der endgültigen Fassung begonnen haben muss, vgl. dazu LT, Proömium: *Saepe mecum cogitavi (...) me diu cogitantem (...).*

26 Vgl. Lang (1925) 18.

27 Vgl. Sanz y Sanz (1959) 269–285.

zit auf eine wahrscheinliche Abfassungszeit der Bücher XI und XII nach 1553 hin.[28] Ulrich Horst wiederum sieht die Abfassung der Bücher III bis V in den Salmatiner Jahren bis zur Abreise nach Trient im Jahr 1551, die nach 1553 überarbeitet wurden.[29]

Die jüngste, ausführliche Untersuchung der Chronologie unternahm Juan Belda Plans im Jahr 2000[30]. Nach seiner dort formulierten Ansicht begann Canos Beschäftigung mit den *loci* während seiner Lehrtätigkeit in Alcalá (1543–1546); aus dieser Zeit dürften die ersten drei Bücher stammen. In der Zeit von Salamanca (1546–1551) müssen, so Belda Plans, die Bücher IV bis IX entstanden sein, wenn Canos Angabe im XI. Buch der Wahrheit entspricht, er habe nach Vollendung des X. Buches vom plötzlichen Tod seines Vaters im Oktober 1553 erfahren. Die Abfassungszeit des X. Buches legt Belda Plans daher in die Zeit nach Canos Rückkehr vom Tridentinum im November 1552 bis in den Oktober 1553. Die Bücher XI und XII wären folglich in den Jahren 1554 und 1560 abgefasst worden, wobei Buch XI seiner Ansicht nach zwischen 1554 und 1556, Buch XII zwischen 1556 und 1557 entstanden sein dürfte.[31] Dass diese Ansätze jedoch eine eingehendere Untersuchung verlangen, gestand Belda Plans selbst im gleichen Atemzug ein.[32] Es soll daher erklärtes Ziel sein, diesem Wunsch erneut nachzukommen, um möglicherweise die letzten Unklarheiten zu beseitigen.[33]

Es bietet sich hierbei an, zunächst der Reihenfolge der einzelnen Bücher nachzugehen und textimmanente Verweise herauszustellen, die Aussagen über die chronologische Einordnung des jeweiligen Buches ermöglichen. Ausgenommen sei das I. Buch, in dem keinerlei innere Verweise auszumachen sind. Da Cano hier jedoch noch den ur-

28 Vgl. Körner (1994) 87–89.

29 Vgl. Horst (2003) 99.

30 Vgl. Belda Plans (2000) 553. Ein ähnlicher Ansatz bereits (1982) 48–57. Hierzu auch (2006) LXXIII.

31 Zur Chronologie vgl. Belda Plans (2000) 560–562; ders. (2013) 45–51.

32 Vgl. Belda Plans (2000) 562.

33 Meine im Jahr 2010 verschriftlichte Studie zur Chronologie liegt dieser Untersuchung zugrunde. Das vorliegende Kapitel wird versuchen, neue Erkenntnisse einfließen zu lassen.

sprünglichen Plan, 14 Bücher abzufassen[34], verfolgte, kann mit Sicherheit davon ausgegangen werden, dass es sich um ein frühes, wenn nicht sogar das erste niedergeschriebene Buch handelt. Ein absolutes Datum ist allerdings nicht zu ermitteln.

Ausgangspunkt der Untersuchung sollen die bereits erwähnten drei historischen Eckpunkte sein, die Cano selbst in seiner Schrift bietet: Das Konzil von Trient, an dem er teilgenommen hat und an dessen Beschlüsse mehrfach in den *loci* erinnert wird, der Tod von Canos Vater im Oktober 1553, den der Autor zu Beginn des XI. Buches erwähnt, und Canos Berufung auf das 1553 publizierte Werk des Juan Vergara im XI. Buch der *loci*.

### I.5.1 LT II: Auctoritas sacrae scripturae

Gegenstand des II. Buches ist der erste der zehn von Cano vorgestellten *loci theologici*, dargestellt in 18 Kapiteln: die Autorität der Heiligen Schrift.[35] Dieser erste Ort ist nach Canos Ansicht ein beweiskräftiger *locus* von göttlicher Autorität, da er jene Bücher behandelt, die die heiligen Schriftsteller unter Eingebung des Heiligen Geistes verfasst haben. Sie stammen nicht von Menschen, sondern haben Gott als ihren Autor.[36]

---

34 LT I,1: *De locis ego theologicis perpetuam orationem habiturus, totam mox in quatuordecim libros partiri constitui. Quorum primus breviter enumeret locos e quibus idonea possit argumenta depromere, sive conclusiones suas theologus probare cupit, seu refutare contrarias. Decem reliqui erunt, qui fusius et accuratius doceant, quam vim unusquisque locorum contineat, hoc est, unde argumenta certa, unde vero probabilia solum eruantur. In duodecimo et tertiodecimo disseretur, quem usum eiusmodi loci habeant, tum in scholastica pugna, tum in Sacrarum Literarum expositione. Nam in concione populari quis eorum sit usus, haud sane difficile dictu est: sed praetereundum tamen, ne ab scholae instituto aliena videatur oratio. Postremus denique liber, quoniam non omnes loci omni disputationi conveniunt, sigillatim ostendet, quibusnam argumentis proprie adversum haereticos, quibus peculiariter adversum et Judaeos et Saracenos, quibus vero tandem adversum Paganos transigenda theologo disputatio sit, si quando sit cum his pro fide catholica decertandum.*

35 LT I,3: *Primus igitur locus est auctoritas Sacrae Scripturae, quae libris canonicis continetur.*

36 LT II,1: *Ac primus quidem locus sine controversia firmus est divina eademque gravissima auctoritate. Nam libros sacros et canonicos appellamus quos, Spiritu sancto dictante, sacri auctores exceperunt. Quos igitur tales esse constiterit, eos dubio procul*

Cano selbst verweist in diesem umfangreichen Buch mehrfach auf die Beschlüsse der ersten Trienter Periode (Dezember 1545 bis März 1547), seine *Relectio de sacramentis in genere* (1547) wie auch in zwei Kapiteln auf seine 1549 entstandene *Relectio de sacramento poenitentiae*.[37] In Kapitel XI, das sich inhaltlich u. a. mit der Frage nach dem Verfasser eines biblischen Buches und der Kanonizität auseinandersetzt, bezieht sich der Spanier explizit auf jene letztgenannte *Relectio*:

> *Ad primam igitur rationem, quoniam in Relectione de poenitentia accurate sane ac diligenter illa Apostoli loca explicata sunt, non est necesse modo respondere.*
>
> Auf die erste Überlegung muss keine Antwort mehr erteilt werden, da jene Stellen [aus dem Brief des] Apostels genau und umsichtig in der Relectio de poenitentia erklärt worden sind.

Die endgültige Niederschrift des II. Buches ist somit nach Abfassung der *Relectio* zu sehen, was auf einen Zeitraum um 1549 schließen lässt.[38]

### I.5.2 LT III: Auctoritas traditionum Christi et Apostolorum

In der von Cano selbst vorgegebenen Chronologie der *loci* folgt auf die Abhandlung der Schriftautorität die *Auctoritas traditionum Christi et Apostolorum*.[39] Im Gegensatz zum II. Buch sind Verweise auf zeitgenössische Literatur wie auch auf Canos eigene Schriften in diesem Buch nicht zu finden. Einzig am Ende des sechsten Kapitels beruft sich Cano explizit auf das Dekret der vierten Sitzung des Konzils von Trient. Im Rahmen des Beweises der Geltung der Traditionen – Cano führt u. a. die lateinische Übersetzung des auf dem zweiten Konzil von Nicäa

---

*certissimos ac verissimos esse credemus. (...) Quarum scripturarum auctor est non homo, sed Deus.*

37 Im elften und 18. Kapitel.

38 Dieser Ansatz ist mit Belda Plans (2006) LXXVIII vereinbar.

39 Es bleibt ungeklärt, ob Cano von Anfang an daran dachte, die apostolischen Traditionen unter seine *Loci theologici* aufzunehmen, oder ob er zuerst ohne sie auskommen wollte, wie er es noch in seinen Kommentaren zur *Summa theologiae* praktiziert hatte. Zur Frage vgl. Körner (1994) 191–193.

(24. September bis 23. Oktober 787) auf Griechisch verfassten Dekrets der siebten Sitzung an – zitiert der Spanier das Konzil selektiv:

> *Et concilium Tridentinum sessione 4, idem definit his verbis: Sacrosancta Tridentina synodus, prospiciens veritatem Evangelii salutarem et morum doctrinam contineri in libris scriptis, et sine scripto traditionibus ipsius Christi, quae ab Apostolis acceptae, aut ab ipsis Apostolis Spiritu sancto dictante, quasi per manus traditae, ad nos usque pervenerunt (...).*[40]
>
> Und das Konzil von Trient, vierte Sitzung, hat dasselbe mit folgenden Worten festgesetzt: Die hochheilige Synode von Trient, da sie sieht, dass die heilsame Wahrheit des Evangeliums und die Lehre von den Gebräuchen sowohl in geschriebenen Büchern als auch ohne schriftliche Aufzeichnung in den Traditionen Christi selbst enthalten sind, die von den Aposteln empfangen oder von den Aposteln selbst sozusagen von Hand zu Hand überliefert, wobei der Heilige Geist sie ihnen eingab, bis zu uns gelangt sind (...).

Der vorliegende Verweis auf das Dekret der vierten Sitzung des Tridentinums (8. April 1546) lässt den Schluss zu, dass auch das III. Buch wie das II. Buch nach 1546 entstanden sein muss. Denkbar ist jedoch auch, dass Cano seine Ausführungen im III. Buch erst nach der Rückkehr vom Konzil überarbeitet und angepasst hat. Den Beginn der Abfassung sehe ich jedoch noch immer vor Canos Abreise zum Konzil.[41]

### I.5.3 LT IV: Auctoritas ecclesiae catholicae

Das IV. Buch widmet sich einer speziellen Thematik: „Noch vor der Autorität des Papstes, der Konzilien oder gar der Väter und der scho-

---

40 Cano zitiert den Text des Tridentinums in einer Variante. Der Wortlaut des Konzils nach Denzinger-Hühnermann lautet (1501): *Sacrosancta oecumenica et generalis Tridentina Synodus (...) perspiciens (...) hanc veritatem et disciplinam contineri in libris scriptis et sine scripto traditionibus, quae ab ipsius Christi ore ab Apostolis acceptae, aut ab ipsis Apostolis Spiritu Sancto dictante quasi per manus traditae ad nos usque pervenerunt (...) traditiones ipsas, tum ad fidem, tum ad mores pertinentes, tamquam vel ore tenus a Christo, vel a Spiritu Sancto dictatas et continua succesione in Ecclesia catholica conservatas, pari pietatis affectu ac reverentia suscipit et veneratur. (...) Si quis autem (...) traditiones praedicatas sciens et prudens contempserit: anathema sit.* Zur Position des Konzils von Trient vgl. Congar (1965) 192–21; Ortiguez (1951) 317–321.

41 Ähnlich auch Belda Plans (2006) LXXIX. Ebenso Horst (2003) 99. Anders Körner (1994) 193 [Abfassung nach Canos Rückkehr vom Konzil].

lastischen Theologen führt Cano die auctoritas Ecclesiae Catholicae als eigenen locus theologicus ein."[42]

Der einzige offensichtliche Verweis, der eine chronologische Einordnung des Buches ermöglicht, ist am Ende des vierten Kapitels zu sehen. Dieses setzt sich mit der näheren Bestimmung der Autorität der katholischen Kirche in Glaubensangelegenheiten auseinander:

> *In concilio item Trident., sess. 3, definitum est, Ecclesiae esse judicare de vero sensu et interpretatione Scripturarum.*
>
> Ebenso ist in der dritten Sitzung des Konzils von Trient bestimmt worden, dass es Aufgabe der Kirche ist, über den wahren Sinn und die Auslegung der Schriften zu urteilen.

Cano beruft sich erneut auf ein Dekret des Tridentinums, hier konkret auf die dritte Sitzung des vom 4. Februar 1546. Aus diesem resultiert das Dekret über das Glaubensbekenntnis. Der Verweis darauf lässt den Schluss zu, die endgültige Abfassung des IV. Buches ähnlich wie für das II. und III. Buch nach der Veröffentlichung der Dekrete der ersten Trienter Periode wie auch nach der Bologneser Periode des Konzils zu sehen.

### I.5.4 LT V: Auctoritas conciliorum

Thema des V. Buches ist die Diskussion der Autorität der Konzilien. Aussagen zur Entstehung dieses Buches lassen sich einzig anhand Canos mehrfacher Verweise auf das Konzil von Trient treffen.[43]

Besonderes Interesse dürfte einer Stelle zukommen, an der Cano zweimal auf die 13. Sitzung der 2. Trienter Periode am 11. Oktober 1551 verweist, aus der das Dekret über das Sakrament der Eucharistie

42 Vgl. Körner (1994) 195.

43 Auffällig in diesem Zusammenhang allerdings scheint, dass Cano einerseits lediglich im fünften Kapitel das Tridentinum erwähnt, andererseits dreimal auf die erste Periode des Konzils und zweimal auf die 13. Sitzung der 2. Trienter Periode verweist. Interessant ist ein expliziter Verweis auf die erste Periode des Konzils, das die Frage nach dem wahren Sinn und der Auslegung der Heiligen Schriften betrifft. Dabei beruft sich Cano auf die dritte Sitzung des Konzils vom 4. Februar 1546, worin festgelegt wird, dass der Papst und das Konzil darüber urteilen sollen.

hervorgeht. Cano gibt in diesem Zusammenhang den originären Wortlaut des elften Kanons wieder:

> *Exemplum est de haereticis, cap. Cum Christus, et cap. Ad abolendam, in concilio tamen Trident., sess. habit. 11 octobris anni 1551, de Eucharistiae sacramento definitum est, confessionem sacramentalem ecclesiasticae praemittendam esse, si conscientia peccati mortalis gravat. Et protinus: „Si quis, ait synodus, contrarium docere, praedicare, vel pertinaciter asserere, seu etiam publice disputando defendere praesumpserit, eo ipso excommunicatus existat."*
>
> Dennoch ist auf dem Konzil von Trient nach der Sitzung am 11. Oktober 1551 über das Sakrament der Eucharistie festgelegt worden, dass das sakramentale Bekenntnis der Eucharistie vorausgeschickt werden muss, wenn das Wissen um eine Todsünde sie belastet. Sogleich heißt es in der Synode: „Wenn es sich jemand herausgenommen hat, etwas Gegenteiliges zu lehren, zu verkünden, hartnäckig zu behaupten oder auch nur öffentlich in der Erörterung zu verteidigen, dann soll er dadurch als Exkommunizierten gelten."

Gerade der Verweis auf die 2. Trienter Periode des Konzils, die Anführung des Wortlauts des Dekrets und die Tatsache, dass Cano selbst an der 13. Sitzung teilnahm und sich am 9. September 1551 zum Sakrament der Eucharistie, in der 14. Sitzung am 24. Oktober 1551 zum Bußsakrament und in der 15. Sitzung am 9. Dezember 1551 zur Frage des Opfercharakters der Heiligen Messe zu Wort meldete, lässt darauf schließen, dass die endgültige Niederschrift des V. Buches erst nach Canos Rückkehr vom Konzil erfolgt ist, im Gegensatz zu den vorherigen nach seiner Rückkehr vom Konzil, d. h. nach 1552 und vor 1557.[44]

## I.5.5 LT VI: Auctoritas ecclesiae Romanae

An sechster Stelle der *loci* steht nach Canos Einteilung die Autorität der Römischen Kirche. Der Umstand, dass die Autorität des Apostolischen Stuhls von allen Häretikern attackiert worden sei, bietet ihm den

44 Die Möglichkeit einer Überarbeitung nach Canos Rückkehr vom Konzil sieht Ulrich Horst [(2003) 99]. Dabei verweist er im Hinblick auf die Abfassung von LT V auf ein wenig beachtetes Datum in einem vor 1557 von Cano abgefassten Brief an seinen Mitbruder Miguel de Arcos [Beltrán de Heredia (1931) 169–180; bes. 179–180].

Einstieg in die Materie. Auch darin lassen sich einige Verweise auf die 1549 entstandene *Relectio de sacramento poenitentiae*[45] wie auch auf die nach 1546 veröffentlichten Dekrete der ersten Periode des Konzils von Trient ausmachen, die zumindest einen *terminus post quem* der Entstehungszeit des sechsten Buches zulassen.[46] Die endgültige Abfassung des Buches ist mit Sicherheit nach 1549 anzusiedeln.

### I.5.6 LT VII: Auctoritas sanctorum veterum

Das VII., lediglich vier Kapitel umfassende Buch behandelt die Autorität der alten Heiligen. In diesem an Umfang kleinen Buch ist an einer einzigen Stelle ein eindeutiger Verweis auszumachen, der eine chronologische Einordnung zulässt. Im dritten Kapitel, in dem die meisten Gegenargumente des ersten Kapitels widerlegt werden, bezieht sich Cano zunächst allgemein auf das Konzil von Trient[47], an einer späteren Stelle explizit auf die am 8. April 1546 stattgefundene vierte Sitzung und das daraus resultierende Dekret über die Vulgata-Ausgabe der Bibel und die Auslegungsweise der Heiligen Schrift:

> *Est praeterea idem definitum apertius in synodo Trident. sess. 4, in haec verba: Decrevit sancta synodus ad coercenda petulantia ingenia, ut nemo suae prudentiae innixus, in rebus fidei et morum ad aedificationem doctrinae christianae pertinentium, sacram Scripturam ad suos sensus contorqueat, aut contra eum sensum, quem tenuit et tenet sancta mater Ecclesia,*

45 Zu finden im siebten Kapitel, wo Cano auf seine Schrift gegen die Irrlehre des Petrus von Osma explizit verweist.

46 Canos eigener Hinweis, ihm selbst seien ausführliche Arbeiten zum Thema des fünften *locus* bekannt (LT VI,1: *In eum locum incidimus, quem longe lateque patentem theologi, praesertim iuniores, copiose tractare solent, propterea quod Sedis Apostolicae non auctoritas modo et gravitas, verum etiam omnis omnino vis et facultas, cum semper ab haereticis impugnata est, tum multo magis hoc tempore a Lutheranis impetitur, quorum in Romanam Ecclesiam contentio pertinax et odium aeternum est*), ist für eine chronologische Einordnung des Buches leider wenig hilfreich, da keine eindeutigen Verweise erbracht werden.

47 LT VII,3: *Atque ex causa est, nisi toto coelo animus meus errat, quamobrem nec Sixtus IV, nec concil. Lateranense, sub Leone X, nec synodus Trident., sub Paulo et Julio tertiis inchoata, eam quaestionem definierunt.*

*aut etiam contra unanimem consensum Patrum, ipsam Scripturam sacram interpretari audeat. Hactenus concil. Trident.*[48]

Außerdem ist dasselbe auf der Synode von Trient, vierte Sitzung[49], recht offensichtlich mit diesen Worten definiert worden: „Die heilige Synode hat, um frivole Geister zu maßregeln, festgelegt, dass niemand, auf seine Klugheit gestützt, in Dingen des Glaubens und der Sitten, die sich auf die Erbauung der christlichen Lehre beziehen, die Heilige Schrift nach eigenem Gutdünken verdrehen oder es wagen darf, gegen jene Bedeutung, an der die heilige Mutter Kirche festgehalten hat und festhält oder auch gegen die einmütige Übereinkunft der Väter die Heilige Schrift selbst auszulegen." Soweit das Konzil von Trient.

Das vorliegende Zitat der vierten Sitzung lässt den Schluss zu, dass Cano mit der endgültigen Abfassung dieses Buches wohl erst nach Ende dieser Sitzung begonnen hat, weshalb ein Zeitraum nach 1546 am wahrscheinlichsten ist. Man darf davon ausgehen, dass die Konzilsbeschlüsse von Trient bereits bei der Niederschrift des Buches vorgelegen haben. Ein definitiver Entstehungszeitpunkt des Buches ist allerdings nicht zu erschließen.

### I.5.7 Exkurs: Die Besonderheit des VIII. und IX. Buches

Zur chronologischen Einordnung des VIII. Buches bemerkt Juan Belda Plans[50]: „En los dos siguientes libros, sobre los teólogos escolásticos (octavo) y sobre la Razón natural (noveno), no aparece ninguna referencia cronológica concreta que nos sea de utilitad." Dies mag durchaus richtig sein, sofern eine chronologische Einordnung allein aufgrund von Canos Verweisen auf seine eigenen Schriften wie auch die Dekrete des Tridentinums erfolgt. Solche Verweise fehlen in den fol-

---

48 Cano zitiert in diesem Zusammenhang eine Variante des publizierten Dekrets, dessen Text nach Denzinger-Hühnermann folgendermaßen lautet (1507): *Praeterea ad coercenda petulantia ingenia decernit, ut nemo, suae prudentiae innixus, in rebus fidei et morum, ad aedificationem doctrinae christianae pertinentium, sacram Scripturam ad suos sensus contorquens, contra eum sensum, quem tenuit et tenet sancta mater Ecclesia, cuius est iudicare de vero sensu et interpretatione Scripturarum sanctarum, aut etiam contra unanimem consensum Patrum ipsam Scripturam sacram interpretari audeat (...)*.

49 *Decretum de Vulgata editione et de modo interpretandi Sacra Scriptura.*

50 Belda Plans (2006) LXXIX.

genden beiden Büchern völlig. Ihr Fehlen jedoch verlangt nach einer Änderung der Methodik, die sich nun viel mehr dem Nachweis offensichtlicher Verweise wie auch verdeckter Anspielungen auf zeitgenössische Schriften widmen soll. Der kritischen Analyse des Textes soll dabei das Hauptaugenmerk geschenkt werden, um Belda Plans' Forderung gerecht zu werden.[51]

### I.5.8 LT VIII: Auctoritas theologorum scholasticorum

Der siebte Ort nach Canos Zählung behandelt die Autorität der scholastischen Theologen, den letzten theologischen *locus*. Im Gegensatz zu den bereits besprochenen Büchern, in denen sich stets direkte bzw. indirekte Verweise auf Canos eigene Schriften wie auch auf die Dekrete des Tridentinums finden ließen, ist dies im vorliegenden Buch nicht möglich. Zitate zeitgenössischer Autoren geraten somit in den Mittelpunkt der Untersuchung, von denen es zwar lediglich im ersten Kapitel – dort aber umso deutlichere – Spuren gibt[52], die eindeutig auf einen Entstehungszeitraum nach 1523 schließen lassen.

---

51 Belda Plans (2006) LXXXII: „Digamos, para terminar, que aunque ya disponemos da algunos puntos de apoyo firmes para establecer la cronología del *De locis*, sin embargo el trabajo dista mucho de estar concluido; se debe esperar todavía a un estudio más específico que analice críticamente todo el texto del tratado extrayendo de ahí nuevas precisiones y dataciones concretas."

52 Cano verweist direkt sowohl auf Luthers *Rationis Latomianae confutatio* und *De abroganda missa*, verfasst 1521 [vgl. dazu Hermann (1961) 104–118, hier 105], als auch auf Melanchthons im Juni 1521 entstandener Schrift *Adversus furiosum Parisiensium Theologastrorum decretum Philippi Melanchthonis pro Luthero apologia*. Indirekt wird auch die erstmals 1523 in Basel von Erasmus von Rotterdam veranstaltete Edition der *Opera divi Hilarii Pictavorum episcopi* erwähnt. Erasmus hatte seit den 1520er Jahren mit zahlreichen Mitarbeitern die Schriften einiger Kirchenväter herausgegeben: Cyprian 1521, Arnobius 1522, Hilarius 1523, Irenäus 1526, Ambrosius 1527, Origenes 1527, Augustinus zwischen 1527 und 1529, Chrysostomus 1530.

### I.5.9 LT IX: De octavo loco qui rationis naturalis argumenta continet

Die Argumente, die aus der natürlichen Vernunft gezogen werden können, stehen thematisch im Mittelpunkt des IX. Buches. Auch hier fehlen Bezüge zu Canos eigenen Werken wie zu den Dekreten des Trienter Konzils völlig. Verweise auf zeitgenössische Autoren bieten somit allein die Möglichkeit, einer Datierung näher zu kommen.

Cano selbst verweist an zwei Stellen des dritten Kapitels auf die Schriften zweier Zeitgenossen. Zunächst ist es Luthers 1521 erschienene *Rationis Latomianae confutatio*, die Cano indirekt zitiert, hiernach wird die *De incertitudine et vanitate omnium scientiarum et artium et de excellentia verbi Dei* betitelte und 1530 erschienene Schrift des Cornelius Agrippa[53] angeführt. In ihr habe der Verfasser nicht nur der Philosophie, sondern allen menschlichen und sogar den göttlichen Lehren den Krieg erklärt:

> *Cornelius quoque Agrippa, vir post hominum memoriam vanissimus, in suo illo libro, qui de vanitate scientiarum inscribitur, non, sicut Zethus ille Pacuvianus, philosophiae solum, sed omnibus humanis diciplinis, atque adeo divinis bellum indixit.*
>
> Auch Cornelius Agrippa, ein nach Meinung der Menschen äußerst prahlerischer Mann, hat in seinem Buch *De vanitate scientiarum* nicht wie jener Zethus des Pacuvius allein der Philosophie, sondern allen menschlichen Wissenschaften und sogar der göttlichen den Krieg erklärt.

Aufgrund der beiden Zitationen kann es als sicher angesehen werden, dass die endgültige Niederschrift des Buches nach Erscheinen der Schrift Agrippas erfolgt sein muss. Als *terminus post quem* ergibt sich somit wohl ein Zeitraum nach 1530. Wegen der thematischen Nähe des IX. zum X. Buch wie auch des geringen Umfangs der beiden Bücher scheint es plausibel, dass Cano die Bücher IX und X in relativ kurzer Zeit – nacheinander oder gar parallel – verfasst hat, wohl in der Zeit zwischen 1551 und Herbst 1553.

---

53 Vgl. dazu das Kapitel: „Die Rezeption der römischen Literatur – Cicero, Pacuvius und Agrippa von Nettesheim in den *Loci theologici.*"

## I.5.10 LT X: Auctoritas philosophorum naturam ducem sequentium quae nono loco posita est

Thema des X. Buches ist die Autorität der Philosophen, die der Führung der Natur folgen. Eine Rechtfertigung dafür, dass sich Cano ausgiebig der Schultheologie – in den *loci* VII bis IX – gewidmet hat, stellt das erste Kapitel dar. Die chronologische Einordnung des X. Buches ist aufgrund eines Verweises des Verfassers im ersten Kapitel des XI. Buches eindeutig. Dort äußert sich Cano selbst über ein Ereignis seiner eigenen Zeit folgendermaßen:

> *Superiorem locum vixdum finieram, et ecce nuntius affertur, parentem meum charissimum Viennae diem extremum obiisse.*
>
> Ich hatte gerade [das Buch über] den vorausgegangenen Ort beendet, als mir unerwartet die Nachricht überbracht wurde, dass mein über alles geliebter Vater in Wien gestorben war.

Der Tod des Vaters war Cano nach eigenen Aussagen kurz nach Fertigstellung des X. Buches übermittelt worden. Gestorben war Fernando Cano im Oktober des Jahres 1553, was folglich zu dem Schluss führt, dass Cano das X. Buch davor fertiggestellt haben muss.[54] Gleiches mag für das vorausgehende Buch IX gelten, das, wie bereits angesprochen, thematisch Buch X nahesteht.

## I.5.11 LT XI: Auctoritas humanae historiae

Die chronologische Einordnung des XI. Buches fällt, wie die des X., aufgrund des textimmanenten Hinweises auf den Tod des Vaters leichter als die der vorausgegangenen Bücher. Als *terminus post quem* ist definitiv der Oktober des Jahres 1553 anzunehmen. Wie lange Cano jedoch an diesem umfangreichen Buch gearbeitet hat, wird sicher nicht eindeutig zu klären sein.

Dass der Spanier besonders in diesem Buch auf zeitgenössische Literatur zurückgegriffen hat, ergibt sich aus dem Vorwurf, er habe keine

54 Der einzige Hinweis auf zeitgenössische Literatur findet sich im am Ende des zweiten Kapitels, wo Cano aus Luthers im September 1521 erschienener Schrift *Rationis Latomianae confutatio* wörtlich zitiert.

eigenständigen inhaltlichen Ergebnisse vorgelegt, sondern fremde bewusst aus anderer Quelle übernommen. So prangert schon der Jesuit Benedict Pereira im elften Buch seiner 1588 erschienenen *Commentariorum in Danielem Prophetam libri XVI* an, Cano habe bei der Kritik des Johannes Annius im fünften und siebten Kapitel dieses Buches vieles aus Juan Vergaras *Tratado de las ocho questiones del templo* (Toledo 1552) übernommen,[55] und bezichtigte ihn des Plagiats. Aus heutiger Sicht der Forschung scheint diese Kritik zu hart, da Cano selbst im sechsten Kapitel sagt, er habe Vergara viel zu verdanken:

> *Atque eas omnes sigillatim Ioannes Vergara, canonicus Toletanus, vir graecae ac latinae linguae peritissimus, in libro octo quaestionum Hispane edito, accuratius refutavit. Cujus nos opera et diligentia multum hoc loco adjuti sumus.*
>
> All diese hat Juan Vergara, Stiftsherr von Toledo, ein Mann, der sehr kundig ist im Griechischen und Lateinischen, in seinem auf Spanisch erschienen Büchlein der acht Quästionen[56] recht sorgfältig widerlegt. Seinem Fleiß und seiner Sorgfalt habe ich an diesem Ort viel zu verdanken.

Obgleich weitere Verweise auf zeitgenössische Literatur zu finden sind (Johannes Driedo[57] und Juan Luis Vives[58]), können sie in diesem Zusammenhang außer Acht gelassen werden, da ihr Erscheinen vor dem Jahr 1553 liegt. Es ist folglich angemessen, als *terminus post quem* der Abfassung des XI. Buches den Spätherbst des Jahres 1553 zu sehen.[59]

---

55 Vgl. zu den Übereinstimmungen Sanz y Sanz (1959) 269–281.

56 Vgl. Juan Vergara: *Tratado de las ocho questiones del templo* (Toledo 1552).

57 Cano erwähnt u. a. die im Jahr 1533 erschienene Schrift des Theologen und Philosophen Johannes Driedo (1492–1535), eines zusammen mit Jakob Latomus entschiedenen Gegners der Reformation, *De ecclesiasticis scripturis et dogmatibus libri quattuor.* Diese hatte er bereits zuvor in LT II,7 zitiert. Aufgrund mehrerer Verweise auf die später entstandenen Werke Canos konnte jedoch auch dort auf ein näheres Eingehen auf Driedo verzichtet werden.

58 Juan Luis Vives (1492–1540) war ein bedeutender Philosoph, der Kontakte zu Erasmus und Karl V. unterhielt. Letzterem widmete er die 1529 erschienenen Schriften *De concordia et discordia in humano genere* und den *Liber de pacificatione.* Vives war einer der meist gelesenen Autoren des 16. und 17. Jahrhunderts. Cano zitiert an mehreren Stellen des XI. Buches Vives' 1531 in Brügge erschienene Schrift *De tradendis disciplinis.* Zu Vives vgl. Wried (2003) 173–175; Zeller (2006). Cano erwähnt Vives bereits in LT X,9

59 Vgl. Belda Plans (2000) 561: „Es de suponer que el año siguinte (1554) redactaría el libro 11 (sobre la autoridad de la Historia) […].“

### I.5.12 LT XII: De locorum usu in scholastica disputatione

Die Einordnung des XII. Buches ist relativ einfach. Man darf mit gutem Recht davon ausgehen, dass Cano in den letzten Jahren seines Lebens an diesem Buch geschrieben hat, zumal das letzte Kapitel der Druckversion unvermittelt in der Argumentation abbricht, und eine vom Herausgeber hinzugefügte Notiz darauf hinweist, dass Cano aufgrund seines plötzlichen Todes nicht mehr in der Lage war, das XII. Buch zu vervollständigen oder zu überarbeiten.

In diesem etwa ein Drittel des Gesamtwerkes einnehmenden Traktat beginnt Cano die Ausführungen über die Möglichkeiten der Verwendung der *loci theologici*. Das erste Kapitel bildet hierbei ein Proömium, in dem Cano insbesondere seinem Lehrer Francisco de Vitoria ein Denkmal setzt. Bernhard Körner[60] schreibt dazu: „Canos Reminiszenzen beziehen sich in erster Linie auf den achtungsvollen, aber nie sklavischen Umgang seines Meisters mit den Autoritäten, der davon auch Thomas von Aquin nicht ausgenommen habe. Was die Anwendungsmöglichkeiten der *loci theologici* betrifft, so hätte sie bereits de Vitoria mit höchster Autorität und größter Ausführlichkeit darlegen können."

Besonderes Interesse erhält im Rahmen der Datierung das erste im dreizehnten Kapitel genannte Beispiel, von dem Bernhard Körner sagt: „Die Disputation über den Opfercharakter der Heiligen Messe ... verdient besondere Aufmerksamkeit, weil sich Melchior Cano zu dieser Frage auf dem Konzil von Trient zu Wort gemeldet hat." Es ist sehr wahrscheinlich, dass der aufgeführte Text „mit nur geringen Änderungen und leichten Überarbeitungen"[61] die Rede des Konzilstheologen Melchior Cano wiedergibt.

Für die chronologische Einordnung des Buches ist dieser indirekte Verweis auf Canos Rede vor dem Konzil in der 15. Session am 9. Dezember 1551 nicht hilfreich, da Cano das Buch nach 1554 verfasst hat. Auch die zahlreichen Querverweise auf zeitgenössische Literatur[62]

60 Vgl. Körner (1994) 276.
61 Lang (1925) 5 Anm. 5.
62 Zu nennen seien u. a. Cajetans Kommentar zum *Hebräerbrief* aus dem Jahr 1532, Luthers *De abroganda missa privata* aus dem Oktober des Jahres 1521.

sind wegen ihres Erscheinens vor 1550 unzureichend, um eine Datierung des Buches zu ermöglichen.

Cano selber gibt implizit zu verstehen, dass er Buch XI im Spätherbst 1553 niederzuschreiben begonnen hat. Der Umfang des zehnten Ortes wiederum lässt darauf schließen, dass die Arbeiten daran erst im Jahr 1554, womöglich aber auch erst im Jahr 1555 beendet waren. Cano kann daher frühestens im Laufe des Jahres 1555 mit der Abfassung des XII Buches begonnen haben, was auf eine Konzeption und Abfassung zwischen 1555 und 1557[63] schließen lässt.

## I.6 Chronologie

Synoptisch betrachtet ergibt sich nun eine erste Chronologie: Der zeitliche Rahmen der Abfassungszeit erstreckt sich über eine Spanne von etwa 20 Jahren, 1540 bis 1560, wobei davon auszugehen ist, dass Cano aufgrund äußerer Gründe mit Unterbrechungen an seinem Werk geschrieben hat. Das I. Buch, das einem einleitenden Vorwort gleicht, dürfte ziemlich früh verfasst worden sein, wohl noch vor dem II. Buch, enthält es doch noch den ursprünglichen Plan der 14 Bücher. Die endgültige Abfassung der Bücher II, III und IV wiederum scheint um bzw. nach 1546 erfolgt zu sein. Buch V hat insofern eine Sonderstellung, als dort Verweise auf Konzilsdekrete des Jahres 1551 zu finden sind. Ungewiss bleibt die Frage, ob Cano an diesem Buch bereits vor seiner Abreise zum Konzil gearbeitet hat. Auch wenn es durchaus denkbar ist, dass das gedankliche Grundkonzept des V. Buches für Cano bereits vor seiner Abordnung als Konzilsberater feststand, erfolgte die endgültige Abfassung wohl erst nach seiner Rückkehr vom Konzil 1552. Die Abfassungszeit der Bücher VI und VII wiederum dürfte ebenso wie die der Bücher II, III und IV noch in der Zeit vor Canos Abreise zum Konzil zu suchen sein. Als *terminus post quem* ist das Jahr 1546 anzunehmen.

63 Dagegen Belda Plans (2000) 561 [zwischen 1555 und 1558]; (2006) LXXXI [zwischen 1556 und 1557].

Die genaue zeitliche Einordnung des VIII. Buches stellte sich als schwierig heraus, da, wie schon Belda Plans[64] bemerkt hatte, Verweise auf zeitgenössische Literatur nicht zu finden sind. Bei genauerer Untersuchung finden sich jedoch einige Bezüge u. a. zu Erasmus von Rotterdam, die jedoch für eine definitive chronologische Einordnung der Bücher wegen des relativ frühen Erscheinungsdatums um 1535 wenig hilfreich sind.

Relativ eindeutig lassen sich die Bücher IX, X, XI und XII chronologisch einordnen. Der Verweis im ersten Kapitel des XI. Buches auf die Fertigstellung des X. Buches und die Nachricht vom Tod des Vaters im Oktober 1553 bieten sowohl den definitiven *terminus ante quem* des X. Buches (vor Oktober 1553) wie auch den *terminus post quem* der Bücher XI (nach Oktober 1553) und XII (nach 1554 bzw. 1555). Aus der Annahme der parallelen Abfassung von Buch IX und X aufgrund des Umfangs wie auch der thematischen Nähe der beiden Bücher zueinander dürfte man für die Niederschrift des IX. Buches die Zeit um 1553 folgern.

Löst man sich von der Vorstellung der sukzessiven Entstehung der einzelnen Bücher, so ergibt sich meines Erachtens eine modifizierte Chronologie. Die Entstehung der Bücher I bis VII sehe ich mit Juan Belda Plans in der Zeit von Salamanca, zwischen 1546 und 1551, wobei Buch V durchaus nach Canos Rückkehr vom Konzil überarbeitet worden sein kann. Allerdings besteht keine Notwendigkeit, dass die einzelnen Bücher nacheinander entstanden sein müssen. Ein paralleles Arbeiten mag denkbar erscheinen. Für Buch VIII hingegen halte ich es für plausibel, dass Cano schon früh begonnen hat, sich mit der Materie dieses *locus* auseinanderzusetzen, und erste Entwürfe bereits in den Jahren nach 1535 niedergeschrieben hat, als er im Konvent San Gregorio in Valladolid und Alcalá lehrte. Dass er dieses Buch einer Revision in den Lehrjahren von Salamanca unterzog, ist nicht unwahrscheinlich. Die Entstehung der Bücher IX, X, XI und XII wiederum dürfte in den Jahren nach Canos Rückkehr vom Konzil zu suchen sein.

64 Vgl. Belda Plans (2006) LXXIX.

Somit ergibt sich folgende graphische Darstellung der Chronologie:

| 1523 – 1546 Valladolid/Alcalá | 1546 – 1551 Salamanca | 1553 – 1560 |
|---|---|---|
| mögliche (Vor-)Arbeit<br>LT VIII | LT I – VII<br>Überarbeitung LT VIII | LT IX, X, XI, XII<br>Überarbeitung LT V |

Während der Jahre 1553 und 1560 halte ich eine stete Revision und Überarbeitung der bereits abgefassten Bücher für wahrscheinlich.

Dennoch fordert die vorliegende Chronologie für sich keine dogmatische Gültigkeit, sondern versteht sich als Diskussionsgrundlage einer wahrscheinlich noch lange nicht abgeschlossenen Fragestellung. Ob es überhaupt jemals gelingen wird, über eine Annäherung hinaus zu definitiven Daten in Fragen der chronologischen Entstehung der Bücher zu gelangen, scheint mir selbst weiterhin fraglich.[65]

65 Vgl. auch Doskey (2018) 82–106.

# II Kapitel Textkritische Bemerkungen zu den *Loci theologici*

Das wachsende Interesse an Melchior Canos Schriften in der internationalen Forschung führte auch im deutschsprachigen Raum zu einer umfangreichen Auseinandersetzung mit dessen Werken, die die Aktualität dieses Autors eindrucksvoll zu beweisen vermag. Einzig die unglückliche Situation des Textbestandes verhindert noch immer den uneingeschränkten Zugang zu den Gedanken und Ansichten des hoch angesehenen Theologen, da es gerade im deutschsprachigen Bereich noch immer keine adäquate Textgrundlage gibt. Diese sollte den modernen Ansprüchen einer wissenschaftlichen Edition Rechnung tragen, sich in erster Linie an der *Editio princeps* orientieren, ohne dabei den Blick vor sprachlichen Varianten späterer Ausgaben[66] zu verschließen.

Die Forderung nach Textkritik schien jedoch lange ungehört, zumal mit der Erstausgabe von 1563 nicht nur die erste gedruckte Ausgabe vorliegt, sondern auch die erste Veröffentlichung der *loci* generell, auf deren Text auch heute noch zurückgegriffen werden kann. Dass Textkritik heute dennoch nötig ist, liegt an der Vielzahl von weiteren Drucken, die bis in das ausgehende 19. Jahrhundert erschienen sind[67], deren Text bisweilen merkliche Unterschiede zur *Editio princeps* aufweist, obgleich sie in der modernen Forschung häufig Verwendung findet. Dass dies ein gewichtiges Problem darstellt, das letztlich den richtigen Zugang zu der Intention des Textes verwehren kann, steht außer Frage. An zwei markanten Textabweichungen und deren Genese möchte ich im Folgenden beispielhaft aufzeigen, wie stark die ursprüngliche Intention des Textes durch einen fehlerhaften Textbestand beeinflusst wird.[68]

66 Einbezogen wurden die Ausgaben Köln 1605, Padua 1714 und Paris 1837.

67 Vgl. dazu Caballero (1871) 373–377; Belda Plans (2006) LXXXVI.

68 Als Textgrundlage dienen dieser Untersuchung neben der Erstausgabe Salamanca 1563 zwei weitere Nachdrucke: Ein Druck aus Padua, herausgegeben von Jacques

## II.1 Erstes textkritisches Beispiel

Das erste Beispiel, das Textkritik notwendig erscheinen lässt, findet sich im ersten Kapitel des III. Buches.[69] In jenem von Cano *Ubi eorum argumenta referuntur, qui Apostolicas traditiones impugnaverunt* überschriebenen Kapitel behandelt er solche Argumente, die von Kritikern dagegen angeführt werden, die Traditionen als eigenen theologischen Ort einzuführen. In diesem Zusammenhang kommt es zu einer Äußerung, die sich in den drei zu betrachtenden Ausgaben offensichtlich unterscheidet. Der Wortlaut in der Ausgabe von Salamanca lautet:

> *Nam, quòd ecclesiae traditiones à Christo & Apostolis descenderint, existimant probari posse nullo modo.*

In der Ausgabe von H. Serry aus dem Jahr 1714 lautet die Passage ähnlich, allerdings ist die Satzstellung am Ende der Periode leicht abgeändert:

> *Nam, quod Ecclesiae traditiones a Christo et Apostolis descenderint, existimant posse probari nullo modo.*

In der Ausgabe von J. P. Migne (1820) wiederum ist eine erneute Abänderung im Wortlaut der Stelle zu erkennen:

> *Nam, quòd Ecclesiae traditiones a Christo et Apostolis descenderint, existimant nullo modo posse probari.*

Aus dem Vergleich der drei Passagen ist zu erkennen, dass sowohl bei Serry als auch bei Migne gegenüber der Passage der *Editio princeps* ein Eingriff in die Satzstellung festzustellen ist: Serry setzt *posse probari nullo modo*, Migne hingegen *nullo modo posse probari*, während in der Ausgabe von Salamanca 1563 *probari posse nullo modo* zu lesen ist.

Eine Erklärung für die bewussten Eingriffe scheint aus textkritischen Gründen nicht möglich, zumal gerade Mignes Verbesserung des Textes zu einer im antiken Verständnis von Prosarhythmus nicht er-

---

Hyacinthe Serry 1714, und ein weiterer aus Paris, besorgt von J. P. Migne 1837. Detaillierte Beschreibungen der einzelnen Ausgaben bieten Caballero [(1871) 373–378] und Belda Plans [(2006) LXXXV–LXXXIX], auf die verwiesen sei.

69 Zum Aufbau und Inhalt des III. Buches vgl. Doskey (2018) 90–91;114–347.

wünschten Hexameterendung (pōssĕ prŏbārī) führt.[70] Diesen Verstoß in der *latinitas* Cano anzulasten, kann seinem bereits zu Lebzeiten verbreiteten Ruf eines ‚Cicerón de España'[71] nicht gerecht werden. Dass sich Cano stilistische Eigenarten Ciceros angeeignet hat, die bis zur bewussten Übernahme ganzer Phrasen aus dessen Schriften führten, ist seit langem bekannt[72] und wird in dieser Passage gerade durch den Text der Salamanca-Ausgabe noch weiter bestätigt. Vergleicht man sie mit einer Stelle aus Ciceros *De officiis* (de off. 2,57), wird schnell klar, dass auch hier Anklänge zu dem berühmten Redner vorliegen. Cicero schreibt dort nämlich:

*quae fiunt, iudicio certo ponderanti probari posse nullo modo.*

Wie zu erkennen ist, handelt es sich beim Textbefund der Salamanca-Ausgabe um die unveränderte Übernahme einer bei Cicero verwendeten Formulierung. Dass Cano mit Ciceros Schrift vertraut war und daher durchaus Wendungen übernehmen konnte, die ihm sprachlich besonders gefielen, bestätigen einige andere Stellen der *loci*, in denen sich der Spanier ebenso auf Ciceros Schrift direkt bezieht.[73] Ebenso überzeugend ist auch die Feststellung, dass im Gegensatz zur Version bei Migne in der von Cano übernommenen Cicero-Wendung der Salamanca-Ausgabe die Regeln des Prosarhythmus eingehalten werden, zumal hier eine akatalektische kretische Dipodie vorliegt (probari pōssĕ nūllō mŏdō)[74], die als Klausel in der antiken Kunstprosa gerne berücksichtigt wurde.

---

70 Vgl. dazu aber auch Leumann, Hofmann, Szantyr II, § 15 [715]: „(...) doch ist die epische Klausel auch bei rhythmisch schreibenden Prosaikern zu finden, ja Cic. hat nicht einmal in seinen Reden, allerdings fast nur in Erstlingswerken und im Genus tenue (...), den in der Theorie gebrandmarkten Kolonschluß zu vermeiden gewusst (...)."

71 Vgl. Caballero (1871) 44. Eine ähnliche Bezeichnung findet sich bei Menéndez y Pelayo [(1940) 117], der ihn ‚Cicerón de las Escuelas' nennt.

72 Vgl. Belda Plans (2006) CXIII–CXIV.

73 In LT II,2 beispielsweise verweist Cano im Rahmen der Diskussion von Ironie und Lüge direkt auf off. 1,30; vgl dazu auch Hogenmüller (2010) 501–512. Weitere Stellen sind u. a. LT I,3 [off. 1,7], LT VIII,5 [off. 1,41], LT IX,7 [off. 1,18–19] und LT IX,7 [off. 1,19].

74 Zur Morphologie der metrischen Klauseln vgl. Leumann, Hofmann, Szantyr II, § 15 [716].

Basierend auf diesen Erkenntnissen muss dem Text der *Editio princeps* als ältestem Textzeugen eindeutig der Vorrang vor den Versionen der späteren Drucke eingeräumt werden.

## II.2 Zweites textkritisches Beispiel

Ein weiteres ebenso interessantes wie aufschlussreiches Beispiel für nötige Textkritik verbirgt sich in einer Passage des zweiten Kapitels. Dieses ist *Supervacaneam videri cum Lutheranis non de hoc solum loco, sed de quibusdam aliis disputationem* überschrieben und spricht von der Überflüssigkeit eines Gesprächs über Traditionen mit den Lutheranern. Die Frage nach Exegese und richtigem Verständnis der Heiligen Schriften mit Blick auf die *sola scriptura* Prämisse der Lutheraner bildet einen zentralen Punkt in Canos Darstellung, den er durch einige Schriftstellen zu verdeutlichen versucht. Canos ironische Aussagen, die er im Rahmen eines Textbeispiels aus der Apokalypse des Johannes in Richtung der Lutheraner formuliert, zeigen in den drei zu untersuchenden Ausgaben unterschiedliche textliche Varianten. In der Ausgabe von Salamanca lautet der Text:

> *Liber in Apocalypsi septẽ sigillis signatus ostenditur, quem cùm dederis homini scienti litteras ut legat, respondebit tibi, non possum: signatus est enim. Et his librum agnus aperuit, aperuit item oculos, ut videant, quae nos miseri & caeci videre nõ possumus.*

Übersetzt man diese Stelle ins Deutsche, so wird deutlich, dass die Fortführung des Textes nach *est enim* mit der Konjunktion *et* seltsam anmutet, zumal der Sinnzusammenhang adversativ ist und somit nach einer solchen Konjunktion fordert: „In der *Apokalypse* wird ein Buch bezeichnet, das mit sieben Siegeln versiegelt ist; wenn man dieses einem kundigen Mensch gibt, um es zu lesen, wird er antworten: „Ich kann es nicht, denn es ist versiegelt.“ Doch ihnen hat das Lamm das Buch geöffnet und ebenso ihre Augen, so dass sie sehen, was wir Armen und Blinden nicht sehen können.“

Diesem Sinn folgend setzen Serry und Migne übereinstimmend die als „stärkste adversative Konjunktion“[75] verwendete Partikel *at*, um der Intention der Stelle gerecht zu werden:

> *(...) At his librum agnus aperuit, aperuit item oculos, ut videant, quae nos miseri et caeci videre non possumus.*

Trotz aller Genauigkeit, die Serry und Migne zu attestieren ist, handelt es sich hierbei jedoch um keine Verbesserung des ursprünglichen Textbefundes, vielmehr liegt eine Verschlechterung vor.

Cano, der die Textintention dieser Passage sicher ebenso adversativ verstanden hat, wie sie von den späteren Herausgebern formuliert wurde, setzt ganz bewusst die Konjunktion *et* in einer Semantik, die einen adversativen Sinn ausdrücken kann. Hierbei beruft sich der Spanier auf eine Besonderheit der lateinischen Grammatik, die es erlaubt, nach einem negativen Satz den Text mit adversativem *et* statt der eigentlichen Partikel *at* fortzuführen.[76] Insbesondere bei Cicero finden sich für dieses Phänomen zahlreiche Belege, auf die sich Cano berufen konnte.[77] LHS freilich entkräften die Bedeutung dieser Konstruktion und sehen in der adversativen Bedeutung von *et* allein darin eine Besonderheit, „weil viele Hrsg. unnötigerweise“[78] an derartigen Stellen eine Verbesserung vorgenommen haben.

Die Emendation von Serry und Migne ist somit abzulehnen, da sie hinter die zwar schwierigere, doch eindeutige Lesart der Salamanca-Ausgabe zurücktreten muss. Als *lectio difficilior* ist ihr an dieser Stelle der Vorzug einzuräumen.

75 Vgl. Menge § 439,4 [606].

76 Vgl. dazu Leumann, Hofmann, Szantyr II, § 256 [481]: „Adversatives *et* entspringt der verbreiteten Gewohnheit, zwei Sätze ohne Rücksicht auf ihr inneres Verhältnis in lässiger Weise durch einfache Kopulativpartikel einander anzureihen. Typen sind (...) *et* = *sed* im Sinne von ‚aber' oder nach negativem Satz für ‚sondern'.“ Auch Menge § 427c [586]

77 Zu nennen sind u. a. Cic. Caecin 58 [*si tuus servus nullus fuerit et omnes alieni et mercennarii*]; leg. 1,41; fin. 2,33.

78 Leumann, Hofmann, Szantyr II, § 256 [481].

## II.3 Schlussfolgerung

Das Ergebnis, das sich aus diesen beiden Textbeispielen ergibt, ist in meinen Augen in zweierlei Hinsicht bemerkenswert. Einerseits dürfte klar geworden sein, dass die eingehende textkritische Auseinandersetzung bei der Erstellung einer den modernen Ansprüchen angemessenen Edition mit dem Text der Erstausgabe von 1563 unabdingbar ist. Diese muss insbesondere die späteren Ausgaben und Nachdrucke im Auge haben, wie exemplarisch aufgezeigt werden konnte, da sie, obgleich sie sich auf den Text der *Editio princeps* berufen, gravierende sprachliche Unterschiede aufweisen. Deren Genese aufzudecken erfordert philologische Arbeit.

Andererseits dürfte sich allein aus den beiden angesprochenen Textpassagen ein klares Bild erkennen lassen, das sowohl den Autor als auch seine Schrift in ein besonderes Licht stellt. Hinter Melchior Canos Schrift verbirgt sich ein Werk, das aufgrund seines speziellen Schwerpunktes nicht nur die Aufmerksamkeit der modernen theologischen Forschung verdient und durch die Fülle der verschiedensten Themen zu noch intensiverer Auseinandersetzung anderer wissenschaftlicher Disziplinen auffordert, sondern gerade durch die geschliffene, präzise und gestochen scharfe Ausdrucksweise Melchior Cano als Meister der lateinischen Sprache erkennen lässt, der zurecht mit Cicero auf eine Stufe gestellt wurde. Auf das Phänomen der *latinitas* wie auch auf eine gerade für Canos Stil bemerkenswerte Eigenart möchte ich in den folgenden Kapiteln näher eingehen.

# III Kapitel Der Einfluss des Grobianismus auf die Entstehung der *Loci theologici*

Canos geradezu einzigartig anmutende Fähigkeit, die Regeln der lateinischen Sprache kunstgerecht anzuwenden, hat die Bewunderung der modernen Forschung immer wieder hervorgerufen. Gerade seine *latinitas*, die ihn solch bedeutenden spanischen Theologen wie Francisco de Vitoria und Domingo de Soto einreihte, stand hierbei im Mittelpunkt der Aufmerksamkeit. Dennoch konnte bei allem Lob eine Eigenart in Canos Stil nicht verborgen werden, die man gerne aus seinem kontrovers beurteilten Charakter ableitete. Von seinen Zeitgenossen wurde diese Eigentümlichkeit bisweilen als verletzendes Ärgernis empfunden, wofür sich insbesondere in den im 18. Jh. verfassten *Vindicationes* an mehreren Stellen beeindruckende Zeugnisse finden; eines der deutlichsten lautet dort folgendermaßen:

> *Quamquam tot virorum illustrium praeconiis celebratus sit Canus noster, nonnullorum tamen censuras expertus est, qui sublime licet ingenium, et omnigenam eruditionem demirati, nonnullas tamen illius opiniones improbarunt, nimiamque in alienis carpendis licentiam objecere.*
>
> Obwohl unser Cano durch die Lobreden so bedeutender Männer gefeiert wurde, hat er dennoch ein Urteil von einigen Männern erfahren, die, obgleich sie seinen erhabenen Verstand und seine verschiedenartige Bildung bewunderten, doch manche seiner Ansichten missbilligten und ihm seine allzu große Freizügigkeit, andere zu kritisieren, vorhielten.

Gerade Canos unverhohlene Neigung zu harscher Kritik an ‚anderen' (*nimiamque in alienis carpendis licentiam*), so der Verfasser der angeführten *Vindicatio*, die erstmals in der Ausgabe von H. Serry erschienen ist (1714)[79], war ein wahrnehmbares Kennzeichen von Canos Stil,

79 Vgl. dazu Belda Plans (2006) LXXXVI: „En la edición de Padua de 1714 aparece un extenso *Prólogo* (14 capítulos) de H. Serry en el que se recogen y refutan una serie de objeciones teológico-literarias que se han hecho contra la obra de Cano. A

das auch in späterer Zeit von der modernen Forschung in dieser Form explizit verzeichnet wurde.

Fermín Caballero schreibt bereits 1871 in seiner Cano gewidmeten Biographie von dessen verletzender Ausdrucksweise, die sich zornig und anmaßend gegen Kontrahenten und Gegner richtete.[80] Gerade Canos Polemik gegenüber den Jesuiten[81] und sein unbeirrbares Vorgehen gegen seinen Ordensbruder, den späteren Erzbischof von Toledo und Primas von Spanien, Bartolomé Carranza,[82] sind hierfür beispielhaft und „verdunkeln", wie Bernhard Körner sagt[83], das Bild dieses großen Mannes.

Die Gründe für Canos fast sprichwörtlich gewordene harsche, ja martialische Ausdrucksweise liegen meines Erachtens jedoch nur zu einem geringen Teil im Wesen des Spaniers verborgen. Vielmehr dürften äußere Einflüsse auf Cano eingewirkt und seinen Stil geprägt haben, zumal zu Canos Blütezeit im 16. Jahrhundert das Aufkommen einer literarischen Strömung zu bemerken war, zu deren Eigentümlichkeit grobe und äußerst polemische Ausdrucksweise gehört, die man modern mit dem Begriff ‚Grobianismus' bezeichnet. Dass diese Strömung nachhaltig auf Canos Stil eingewirkt hat, soll in diesem Kapitel beispielhaft bewiesen werden.

## III.1 *Grobianismus*

Unter dem Begriff ‚Grobianismus[84]' ist allgemein eine stilistische Sonderform der Ausdrucksweise zu verstehen, die sich im ausgehenden 15. und beginnenden 16. Jahrhundert im Zuge der Reformation und

partir de este momento todas las ediciones posteriores recogen este esmerado trabajo de Serry."

80 Vgl. Caballero (1871) 435: „Cano era ardiente en la polémica, enérgico en las espresion, osado en los ataques, violento y hasta fiero en la defensa y en las réplicas (...): la vehemencia, los ímpetus, la soberbia y la ira quedeban reservados para contender con los émulos, para confundir á los adversarios."

81 Vgl. Hogenmüller: Jesuiten (2013) 389–396.

82 Vgl. dazu Tellechea (1962) 5–93; ders. (1968).

83 Vgl. Körner (1994) 74.

84 Zum Grobianismus vgl. u. a. Fränkel (1891) 181–193; Reumann (1966); Corell (1982); Gutzen (1985) 256–259.

aufkommenden Gegenreformation in Europa entwickelte. Ihre Kennzeichen sind eine besonders metaphorische und mit Bildern der Umgangssprache geprägte Ausdrucksweise, in der Wortspiele, hyperbolischer Tadel, die Häufung negativer Eigenschaften und die Verwendung von Übertreibungs- und Unsagbarkeitstopoi in großer Zahl nachzuweisen sind. Schriftstücke dieser Art richten sich insbesondere an persönliche Gegner in der reformatorischen Auseinandersetzung. Beispielhaft steht hierfür eine Vielzahl von Luthers Schriften, die deutlich grobianische Merkmale aufweisen.[85]

Das Substantiv bzw. Adjektiv *grobianus* erscheint erstmals in Conrad Zeningers *Vocabularius theutonicus*[86], erschienen 1482, als Synonym von *rusticus* in der Bedeutung „grob, bäurisch, unerzogen".

Anklänge an Satirisches im Grobianismus sind nicht zu leugnen, zumal in der lateinischen Satire des Marburger Theologen Friedrich Dedekind [*Grobianus. De morum simplicitate* (Frankfurt 1549)] zugleich der Prototyp und das erfolgreichste Werk grobianischer Literatur vorliegen. Der Begriff Grobianismus selbst erscheint erstmals fast 200 Jahre nach dem Erstbeleg in Christian Weises *Die drei ärgsten Erznarren,* publiziert 1673.[87]

In der modernen Literaturwissenschaft unterscheidet man heute zwischen dem Grobianismus als Bezeichnung für „Verhaltens- und Sprachformen, die sich durch Rohheit, Unanständigkeit und Ungebildetheit von den am Höfischen orientierten Anstandsnormen des Bürgertums unterscheiden"[88] und der Gattung der grobianischen Dichtungen als einer „didaktischen Literaturgattung vornehmlich des 16. Jh.s, die entweder in satirischer Absicht als negative Enkomiastik grobiani-

85 Genannt seien u. a. Luthers polemische Schriften *Wider das Papsttum zu Rom vom Teufel gestiftet* und *Wider Hans Worst.*

86 Conrad Zeninger, geboren in Mainz, war seit 1480 in Nürnberg als Drucker aktiv. Das Wörterbuch *Vocabularius theutonicus in quo vulgares dictiones ordine alphabetico praeponuntur [...]* Kolophon: *impressus Nuremberge per cunradū zeninger Anno* d❁i M.CCCC. lxxxij. gilt in der Forschung als eines der beiden ersten gedruckten Wörterbücher, das nach dem Deutschen alphabetisiert ist; vgl. in der Ausgabe von Grubmüller (1976) V–VII.

87 Vgl. Grimm, Grimm (1935) 418.

88 Vgl. Schweikle, Schweikle (1990) [Grobianismus] 185

sche Sitten beschreibt (...) oder in direktem polemischem Angriff bloßstellt".[89]

Der Bezug des Grobianismus auf didaktische Literatur allein scheint jedoch strittig, zumal B. Meister in seiner 2003 eingereichten, nicht publizierten Lizentiatsarbeit aus guten Gründen auf eine weitere Beziehung insistiert[90]: „Sinnvoll erscheint mir einerseits eine deutliche Unterscheidung zwischen *Grobianismus* und *grobianischer Literatur* im Sinn der (...) Definition (...), anderseits eine präzise Fassung des Terminus *Grobianismus* im Rahmen der Trichotomie *Welt, Text* und *Intention* und seine deutliche Abgrenzung zu anderen Begriffen." Gerade zum Welt-Anteil gehöre, so Meister weiter[91], „die Gesamtheit literarischer Verfahren, die sich dem *Grobianismus* dienlich machen könnten: Von der Ironie über die Satire hin (...) bis zu Verfahren zur Zeichnung von Figuren und Sachverhalten."

Insbesondere die überspitzte Zeichnung (Ethopoiie) von Personen, bei denen es sich um ideologische Gegner handelt, und deren Handlungen, um über sie ein harsches, ja häufig durchaus ‚grobes' Urteil zu fällen, ist ein probates und weit verbreitetes Mittel in Canos Konzeption der *loci*. Belegen kann diese These eine Vielzahl von Passagen, einige der anschaulichsten, an denen Cano insbesondere mit den Begriffen *rusticus* und *stultus* operiert, wenn es darum geht, mögliche Einwände von Gegnern zu widerlegen, sollen beispielhaft im Folgenden herausgestellt werden.

## III.2 Die Spuren des Grobianismus in den *Loci theologici*

Eine besonders eindrucksvolle Verwendung von *rusticus* im Sinne des grobianischen Verständnisses findet sich im sechsten Kapitel des XII. Buches, das *De variis errorum gradibus, primumque de haeresi et haeretica propositione* überschrieben ist. Dort heißt es:

> *Primam [scil. causam], quod nisi ita esset, aliqua propositio ab uno affirmata esset haeresis, ab alio non esset; ut si homo doctus sciens contrarium in sacris libris contineri, assereret, Moysen non Judaeum fuisse, sed Aegypti-*

89 Ibid.
90 Meister (2003) 10.
91 Ibid. 12.

> *um; tunc illam propositionem haereticam esse, haesitari non potest. At si eadem inscite ab aliquo homine rustico et idiota affirmaretur, haeretica non esset.*
>
> Zum ersten Grund: Wenn es sich nicht so verhalten würde, dass eine These von dem einen als Häresie behauptet wäre, von einem anderen aber nicht. So wie wenn ein gebildeter Mensch, der weiß, dass das Gegenteil in den heiligen Schriften enthalten ist, behaupten würde, dass Moses kein Jude war, sondern ein Ägypter. Dann kann man nicht zögern zu sagen, dass dies eine häretische These ist. Doch wenn dieselbe These aus Unwissenheit von einem ungebildeten Menschen und rechten Idioten behauptet würde, wäre sie nicht häretisch.

Eine These (*propositionem*), so Canos Ansicht, sei dann häretisch (*haereticam*), wenn sie von einem gebildeten Mann (*homo doctus*) vorgebracht werde, der sich über Wahrheit des Gegenteils (*contrarium*) im Klaren sei (*sciens*). Daran könne kein Zweifel herrschen (*haesitari non potest*). Doch wenn dieselbe These unwissentlich (*inscite*) von einem Menschen vorgebracht würde, der ungebildet (*rustico*) und ein rechter Idiot (*idiota*) sei, dann wäre sie nicht häretisch (*haeretica non esset*).

Deutlich ist hier zu erkennen, dass Cano das Adjektiv *rusticus* im Sinne des grobianischen Sprachgebrauchs (bäuerlich = ungebildet) verwendet, dessen Semantik durch die Hinzunahme des latinisierten Substantivs *idiota* noch verstärkt wird. Das Zusammenspiel dieses als Hendiadyoin konzipierten Ausdrucks charakterisiert in aller Deutlichkeit die Eigenart eines solchen ‚unwissenden' Menschen in vollem Umfang und ganzer Härte. Gerade aber die zu verzeichnende Vehemenz im Ausdruck sind deutliche Kennzeichen grobianischer Sprechweise, deren sich Cano an dieser Stelle wahrnehmbar bedient hat.

Eine weitere Stelle, an der eindeutig die grobianische Semantik des Begriffes *rusticus* bzw. *rusticitas* vorliegt, verbirgt sich in einer Wendung im IX. Buch. Dort heißt es im vierten Kapitel:

> *Nam philosophia, et omni ratione disputandi sublata, cum fide sancta rusticitas manet, quae, ut Hieronymus ad Paulinum scribit, quantum prodest vitae merito, tantum simplicitate nocet, si adversariis non resistat.*
>
> Denn wenn die Philosophie und jede Methode der Disputation abgeschafft ist, dann bleibt mit dem Glauben die heilige Einfalt, die, wie Hieronymus an Paulinus schreibt, ihrem Verdienst nach dem Leben ebensoviel nützt wie sie durch Einfalt schadet, wenn sie den Widersachern keinen Widerstand leistet.

Wenn Philosophie (*philosophia*), so Cano, und jede Methode der Disputation (*ratione disputandi*) abgeschafft seien, bliebe mit dem Glauben (*cum fide*) fromme ‚Plumpheit' (*sancta rusticitas*), die, wie Hieronymus an Paulinus schreibt, ihrem Verdienst nach dem Leben so viel nütze (*quantum prodest*), wie sie durch ihre Einfalt schade (*simplicitate nocet*), wenn sie den Gegnern keinen Widerstand leiste (*adversariis non resistat*).

Die Semantik des Substantivs *rusticitas* liegt in diesem Zusammenhang nahe an der des Adjektivs *rusticus*, dessen Bedeutung im grobianischen Sprachgebrauch auch ‚plump', ‚ungebildet' und ‚unerzogen' heißen kann. Dass Cano diese Semantik vor Augen hatte, scheint durch den Hinweis geschehen zu sein, dass *simplicitas* im negativen Sinn von ‚Naivität' und ‚Einfalt' Teil der *rusticitas* ist.

Obgleich in dieser Passage keine ‚grobe', im Sinne einer verletzenden Sprechweise vorliegt, ist dennoch gerade im ironischen Unterton der Wendung ein Zeichen grobianischer Sprechweise zu erkennen, zumal explizit auch das Ironisch-Satirische ein Charakteristikum des Grobianismus ist.

Ähnlich eindeutig wie die Verwendung der Wortgruppe von *rusticus* verhält es sich hinsichtlich Canos Gebrauchs von *stultus*. Die Fülle von Passagen, an denen sich der Spanier dieses Adjektivs im Komparativ bzw. des Substantivs *stultitia* bedient, ist so eindeutig wahrnehmbar, dass an dieser Stelle nur ein besonders auffälliges Beispiel besprochen sei.

Dieses findet sich im vierten Kapitel des IV. Buches. Dort äußert sich Cano gegenüber dem Reformator Calvin und einer seiner Ansichten folgendermaßen:

> *Quid ad hoc respondeat Calvinus, audiamus. ‚Hoc', ait, ‚tametsi habet nonnullam veri speciem, verum tamen esse nego'. O stultum hominem, et repugnantem manifestae veritati! An ignorat, quae Spiritus sancti dona singulis membris distribuuntur, in communem conferri omnia? An videt oculus, et non magis homo videt? An non lucerna corporis est oculus? Quid eo absurdius, quam membrum posse quidquam quod corpus nequeat efficere, partem habere quod non habet totum?*

> Wollen wir hören, was Calvin darauf zur Antwort gibt: „Obwohl es den Anschein der Wahrheit besitzt, bestreite ich dennoch, dass es die Wahrheit ist." O dummer Mensch, der du dich der offensichtlichen Wahrheit widersetzest! Weiß er denn nicht, dass alles, was einzelnen Gliedern als

> Geschenk des Heiligen Geistes zugeteilt wird, zum gemeinsamen Nutzen gleichmäßig verteilt wird? Oder sieht das Auge und nicht im höheren Maße der Mensch? Ist nicht das Auge das Licht des Körpers? Was aber könnte widersinniger sein, als dass ein Glied etwas vermag, was der Körper nicht fertigbringen kann, dass ein Teil etwas besitzt, was der ganze Körper nicht besitzt?

Cano spricht im Kontext der Stelle von willentlichen Wortverdrehungen (*tergiversio*), wie sie häufig bei Luthers Anhängern zu finden sind. Als Beispiel hierfür dient ihm Calvin, der, so Canos Argument, gesagt habe (*ait*), dass er, obwohl etwas den Anschein der Wahrheit besitze (*hoc tametsi habet nonnullam veri speciem*), dennoch bestreite (*tamen nego*), dass es die Wahrheit sei (*verum tamen esse*). Mittels einer Apostrophe, die durchaus Züge einer *vituperatio* aufweist, spricht Cano Calvin an, bezeichnet ihn als ‚dummen Menschen' (*stultum hominem*), der sich der eindeutigen Wahrheit widersetzt (*repugnantem manifestae veritati*), und weist mit vier rhetorischen Fragen dessen Unwissenheit nach.

Gerade aber der beißend satirisch-ironische Unterton, die Verwendung der rhetorischen Sinnfiguren[92] Apostrophe und Interrogatio wie auch die relativ grobe Bezeichnung Calvins als *stultus homo* weisen meines Erachtens deutliche Übereinstimmung mit der literarischen Strömung des Grobianismus auf.

Ebenso deutliche Anklänge an grobianische Ausdrucksweise vermittelt eine Passage im vierten Kapitel (*Quaenam sit Ecclesiae catholicae in fidei dogmate auctoritas*) des IV. Buches, in der sich Cano ein weiteres Mal gegen Calvin (*Sed redeo ad Calvinum*) äußert. Dort heißt es:

> *Verumenimvero inter suos hic mirifice garrit, et vel stulte ignorat, vel malitiose mentitur, cum dicit, nos id pro oraculo fidei habere, quod homines sine Dei revelatione censuerint.*
>
> Aber tatsächlich schwatzt er unter den Seinen in wunderlicher Weise und weiß es entweder dummerweise nicht oder lügt boshafterweise, wenn er sagt, wir sollen das für eine Prophezeiung des Glaubens ansehen, was Menschen ohne Gottes Offenbarung angeordnet haben.

Calvin, so Cano, schwatze (*garrit*) in wunderlicher Weise (*mirifice*) und wisse es entweder dummerweise nicht (*stulte ignorat*) oder lüge

92 Vgl. zu den Sinnfiguren allgemein Fuhrmann ($^2$2008) 135–138.

boshafterweise (*malitiose mentitur*), wenn er sagt, man solle das für eine Prophezeiung des Glaubens ansehen (*pro oraculo fidei habere*), was Menschen ohne Gottes Offenbarung angeordnet hätten (*sine Dei revelatione censuerint*).

Deutlich grob sind auch in diesem Zusammenhang die Begriffe, mit denen Cano Calvin abqualifiziert. Die Unterstellung, Calvins Thesen seien Geschwätz aus Dummheit oder gar Boshaftigkeit, zeichnen mit durchaus verletzenden Worten ein negatives Bild des ideologischen Gegners. Auf der Sprachebene wird dieses Bild durch die Verwendung der rhetorischen Figuren Ethopoiie und Invektive wie durch Metaphorik in der Ausdrucksweise (*garrit*) erzeugt, worauf Cano auch an dieser Stelle zurückgegriffen hat. Gleichzeitig liegt in dem dreigliedrigen Ausdruck (*mirifice garrit, et vel stulte ignorat, vel malitiose mentitur*) eine erkennbare hyperbolische Klimax vor, die den negativen Eindruck weiter verstärkt. Dass sich Cano bei der Konzeption der Passage damit eindeutig Regeln unterworfen hat, die der Strömung des Grobianismus zuzuordnen sind, dürfte sowohl anhand der Wirkung auf den Leser als auch der sprachlichen Analyse der Stelle leicht zu erkennen sein.

## III.3 Schlussfolgerung

Die Gründe für Canos bisweilen grobe Ausdrucksweise[93], die, wie ja bereits angesprochen, gerne auf seinen Charakter zurückgeführt wird,

93 Ein ebenso markantes Beispiel für Canos ‚grobianische' Ausdrucksweise, auf das hier noch kurz verwiesen sei, findet sich an einer Stelle des VII. Buches, in der Cano Cajetan mit folgenden Worten kritisiert (LT VII,3 p. 257): *Te nunc, Cajetane pater, si filio patrem appellare licet, appello te; Cajetane, inquam, appello te, in concilium voco, te non in lyceum aut academiam induco, sed in sanctorum Patrum pacificum honorandumque conventum. Pone tibi ob oculos, rogo te, tam numerosam seriem eruditissimorum virorum, quos in hunc usque diem tot saeculorum consensus approbavit, quos praeter admirabilem sacrarum litterarum peritiam, vitae quoque pietas mira commendat. Aspice illos, obsecro te, quodam modo aspicientes te, et mansuete ac leniter dicentes tibi: Itane nos, fili Cajetane, in sacrarum expositione litterarum simul omnes erramus? Itane nobis omnibus, quos Ecclesiae Christus praeceptores dedit, spiritus intelligentiae defuit? Itane tu unus adversum nos pugnare audes, et Ecclesiam credis unius sensum hominis secuturam, hujus vero gravissimi sanctissimique senatus commune judicium deserturam? Utrum plus tribuendum esse judicas tot*

sollte aufgrund der vorliegenden Ergebnisse weniger in seinem Wesen gesucht werden als vielmehr in den auf ihn wirkenden literarischen Strömungen des 16. Jahrhunderts. Dass Cano sich bei der Konzeption derartig polemischer Passagen, die von unverhohlenem Spott und Hohn gegenüber ideologischen Gegnern geprägt sind, an antiken Vorbildern, beispielsweise der pseudosallustianischen Invektive gegen Cicero[94], orientiert haben könnte, ist durchaus denkbar. Dennoch widerspricht dies in keiner Weise der These, dass die Konzeption der *loci* von grobianischen Gattungsmerkmalen beeinflusst wurde. Die Blüte des Grobianismus nämlich fällt mit dem Höhepunkt jener geistigen Strömung zusammen, die eben an die feine Eleganz und den Stil der Bildungsideale der Antike, zu denen die kunstfertige Konzeption von Invektiven ebenso gehörte wie die Abfassung von Deklamationen, anzuknüpfen versuchte – mit dem des Humanismus. Deren Träger, zu denen Cano unzweifelhaft zu rechnen ist, gelten nicht zu Unrecht auch als geistige Väter des Grobianismus.[95]

---

*eruditorum, sanctorum, martyrumque praejudiciis, an tuo singulari privatoque judicio? Respondebisne ad haec, aut omnino hiscere audebis.* Dass dabei die rhetorischen Mittel der Apostrophe, der Repraesentatio, Ethopoiie und der Invektive zum Ausdruck kommen, hat jüngst C. Oser-Grote in ihrem Beitrag „Die Autorität der Kirchenväter bei Melchior Cano (De locis theologicis, Buch VII)" nachgewiesen.

94 Vgl. dazu von Albrecht ($^2$1994) 368; Syme (1964); Schmal (2001) 24–25.

95 Vgl. dazu auch Kohlhage (1987) Sp. 673–674.

# IV Kapitel Die Drucklegung der *Editio princeps* in Salamanca 1563

## IV.1 Ausgangslage

Obgleich unvollendet, erschien Canos Schrift postum erstmals 1563[96] in Salamanca, herausgegeben von Matías Gastio, hiernach in Löwen 1564, Venedig 1567, erneut Löwen 1569, Köln 1574 und zuletzt wiederum in Köln 1585. Alle späteren Ausgaben enthalten neben den *loci* auch Canos früh entstandene *Relectiones*, seit der in Padua 1714 besorgten Ausgabe von J.-H. Serry zusätzlich die von dem französischen Dominikaner als Rechtfertigung angefertigten *Vindicationes*.[97]

Bis heute ist umstritten, auf wessen Veranlassung die Publikation der *Editio princeps* erfolgte. Wenig Aufschluss darüber geben die bisweilen[98] bereits in der Erstausgabe 1563 abgedruckten Dokumente, die die Unbedenklichkeit bestätigten und die daraus folgende Imprimatur der Schrift gewährten. Konkret handelt es sich hierbei zunächst um ein Gutachten, angefertigt im Auftrag der Inquisition, und zwei königliche Lizenzen, in denen die Erlaubnis zum Druck und Verkauf des Buches gewährt werden.

96 Bisweilen wird auch das Jahr 1562 als Datum der Publikation genannt [vgl. u. a. Quétif, Échard (1721) 177; Llorente (1821) 87], obgleich die Erstausgabe auf das Jahr 1563 datiert. Möglicherweise wurde noch 1562 mit der Vorbereitung der Drucklegung begonnen, die endgültige Publikation jedoch erst 1563 realisiert.

97 Vgl. dazu Hogenmüller: *Vindicationes* (2017) 298–315.

98 Die mir vorliegende Ausgabe Salamanca 1563 enthält kurioserweise lediglich die beiden Königlichen Lizenzen, das Gutachten der Inquisition hingegen fehlt. Allerdings konnte ich im Rahmen dieser Arbeit weitere Ausgaben aus demselben Jahr einsehen, in denen alle drei Dokumente abgedruckt sind. Ab dem Jahr 1564 ist das Gutachten der Inquisition stets in den weiteren Editionen zu finden.

Das der Datierung nach früheste Dokument ist die von Rodrigo de Vadillo[99], Bischof von Cefalù, im Auftrag des spanischen Großinquisitors Fernando de Valdés y Salas[100] verfasste lateinische *Censura* vom 15. August 1562. Darin preist der Benediktiner, der zusammen mit Cano und Valdés im unrühmlichen Carranza Prozess (1558/59) tätig gewesen ist[101], das Werk des Dominikaners über die Maßen (*tum ob ejusdem operis magnam toti Ecclesiae utilitatem futuram*), nennt den Großinquisitor Valdés als Erben der Schrift (*quem hujus praeclari operis haeredem reliquit*) und bestätigt dem Werk völlige Unbedenklichkeit aus Sicht der Inquisition (*ut praetermittam valde catholicum, hisque calamitosis temporibus apprime utile, immo dicam necessarium*).[102]

Das zweite, zeitlich der *Censura* am nächsten stehende Schreiben ist die auf den 27. August 1562 datierte (erste) Königliche Lizenz. In dieser auf Spanisch verfassten *Licentia* wird Pedro Serrano, Prokurator der spanischen Dominikaner, auf die Bitte hin, Canos Werk wegen seines hohen Wertes drucken zu dürfen, die Erlaubnis zum alleinigen Druck und Verkauf ausdrücklich unter Androhung von Strafe bei Zuwiderhandlung erteilt (*diessemos licenciae facultad para que lo pudiesse des imprimir y vender mandando que por el tiempo que nuestra merced y voluntad fuere, otra ninguna personal o pudiesse imprimir y vender so graves penas o como la nuestra merced fuere*). Gleichzeitig wird darin die Übereignung der *loci* an das Kloster Santo Domingo bzw. San Este-

99 Rodrigo de Vadillo, Bischof von Cefalù, geboren 1506 in Arévalo, gestorben am 1. Februar 1578 in Cefalù auf Sizilien, gehörte dem Benediktinerorden an und war maßgeblich am Verfahren gegen Carranza beteiligt, vgl. Menéndez Pelayo (1992) 63.

100 Fernando de Valdés y Salas, geboren 1483 in Salas (Asturien), gestorben 1568 in Madrid, zuletzt Erzbischof von Sevilla (August 1546 bis Dezember 1566), war Mitglied des Obersten Rates der spanischen Inquisition (seit 1516) und bekleidete das Amt des Großinquisitors von Spanien von 1547 bis 1566. In den Jahren 1551, 1554 und 1559 erließ er die ersten Verzeichnisse der durch die Inquisition für Spanien verbotenen Bücher (*Index librorum prohibitorum*). In seine Amtszeit fällt der Prozess gegen den Erzbischof von Toledo, Bartolomé Carranza, dessen Verlauf Valdés zunächst federführend mitbestimmte; vgl. dazu u. a. Tellechea Idígoras (1961) 289–324; ders. (1962) 373–400; Gonzáles Novalin (1971); ders. (1984) 538–555; Tellechea Idígoras (1992) 87–102.

101 Vgl. dazu Hogenmüller: Cano und Carranza (2012) 18–24.

102 De locis theologicis libri duodecim, Salamanca 1563, p. 2.

ban in Salamanca erwähnt (*lo habia dexado al monasterio de Sancto Domingo de la ciudad de Salamanca*).[103]

Eine weitere, ebenfalls auf Spanisch verfasste und von Philipp II unterzeichnete Königliche Lizenz datiert auf den 22. November 1562. Diese, wiederum an Pedro Serrano gerichtet, wiederholt die Druckerlaubnis (*que nos habiamos dado licencia para imprimir*) und verweist explizit darauf, dass das Kloster als Erbe des unvollendeten Werkes um Privilegien für Publikation und Verkauf der *loci* gebeten hat (*nos suplicasteis se diese privilegio al monasterio de San Esteban de la ciudad de Salamanca que habia heredado los dichos libros*).[104]

## IV.2 Die Wertigkeit der *Censura* und der beiden Lizenzen

Aus einer ersten Analyse der drei Dokumente kann sicher geschlossen werden, dass Cano bei seinem Tod wenigstens zwei (unvollendete) Exemplare der *loci* hinterlassen hat. Das eine war an Fernando de Valdés y Salas gerichtet, das andere dem Kloster San Esteban in Salamanca hinterlassen worden. Beide Institutionen bemühten sich den Gutachten zufolge als legitime „Erben" unter großem Einsatz um die Erlaubnis zur Drucklegung – mit letztlich umfassendem Erfolg. Auf die Frage nach der Wertigkeit bzw. der Hierarchie der Dokumente dürfte eine recht einfache Antwort zu geben sein, wobei meines Erachtens die Chronologie des Gutachtens und der beiden Lizenzen Aufschluss über die Rangfolge gibt.

Denkbar scheint, dass es sich bei der ersten *Censura* von Vadillo wohl um das zentrale Gutachten der *Censura praevia* handelt, die normalerweise durch den Bischof des Druckortes anzufertigen war. Darin wurde die notwendige Unbedenklichkeit – in Canos speziellem Fall besonders bedeutend aus Sicht der Inquisition – festgestellt. Dies war eine Grundvoraussetzung für die Drucklegung, da Cano ja bekanntermaßen durch einige seiner Äußerungen, möglicherweise auch seiner Handlungen und zuletzt wegen der *loci* als solcher in den Fokus der Inquisition geraten war. Dass es Valdés und Vadillo, die beide mit Ca-

103 De locis theologicis libri duodecim, Salamanca 1563, p. 3.
104 De locis theologicis libri duodecim, Salamanca 1563, p. 4.

nos Biographie eng verbunden waren, zu verdanken ist, dass aller Anfangsverdacht gegenüber dem Dominikaner und dessen Werk beseitigt wurde, sticht meiner Meinung nach besonders hervor.[105]

An Vadillos Zensur anschließend und gewissermaßen als Grundlage für die Publikation sind die beiden Königlichen Lizenzen zu sehen, die als weltliche Bestätigung der geistlichen Imprimatur, die durch die Inquisition erteilt worden ist, gelten dürften. Sie bestätigen *expressis verbis* dem Dominikanerorden von Salamanca das Privileg zur Veröffentlichung und zum Verkauf des Buches.[106]

Wer nun, um zur ursprünglichen Frage zurückzukommen, rechtmäßiger Erbe von Canos *opus magnum* gewesen ist und sich letztlich der Publikation der *loci* rühmen darf, ist schwerlich mit letzter Genauigkeit zu beantworten. Caballero[107] und Belda Plans[108] sprechen sich gegen eine (Um-)Widmung der *loci* an Valdés mit der Begründung aus, dass Canos ursprünglicher Plan die Dedikation des Werkes an den zu früh verstorbenen Vater – im Oktober 1553 in Wien – gewesen sei. Ihrer Ansicht nach seine die Bücher an das Dominikanerkloster San Esteban nach Canos Tod vererbt worden. Als Grund nennen sie Canos lange Verbundenheit zu diesem. Das Kloster – und insbesondere Pedro Serrano als *procurador* – wiederum habe sich gemäß den königlichen Lizenzen als legitimer Erbe schließlich um die Drucklegung bemüht.

Die Annahme der beiden Gelehrten erscheint zwar durchaus plausibel, allerdings wird der Bedeutung der von Vadillo im Auftrag von Valdés verfassten *Censura* dabei kaum Rechnung getragen, was meines Erachtens zu Unrecht geschieht. Um die Wertigkeit dieses Gutachtens zu erfassen, sollte durchaus erwogen werden, dass Cano mit voller Absicht die *loci* zunächst dem Großinquisitor von Spanien dedizierte, um dadurch die grundsätzliche Voraussetzung für den Druck der Schrift zu schaffen. Dass sich im Anschluss daran das Kloster San Esteban um die Veröffentlichung und den Verkauf des *opus* bemüht hat und dazu als legitimer Erbe durch die Lizenz des Königs anerkannt worden ist,

105 Vgl. Hogenmüller: Dedikation (2017) 125–143.

106 Zur Diskussion der Drucklegung und Widmung vgl. Caballero (1871) 377–378; Belda Plans (2013) 54–57.

107 Vgl. Caballero (1871) 377.

108 Vgl. Belda Plans (2013) 54–56.

schmälert die genannte These in meinen Augen wenig. Vielmehr halte ich es für wahrscheinlich, dass die Übereignung der unvollendeten Schrift zweifach bzw. parallel erfolgte, um die Publikation letztlich sicher zu stellen.

Letzte Sicherheit in dieser Frage dürfte trotz aller Bemühungen aus Mangel an weiteren Unterlagen nicht zu erreichen sein. Daher möchte ich in diesem Zusammenhang als zutreffend lediglich festhalten, dass alle drei Dokumente offenkundig nicht nur ein reges Interesse an der Veröffentlichung der theologischen Orte bezeugen, sondern auch großen Anteil an der weitreichenden Verbreitung besitzen.

# V Kapitel *Melchioris Cani Vindicationes,* Padua 1714

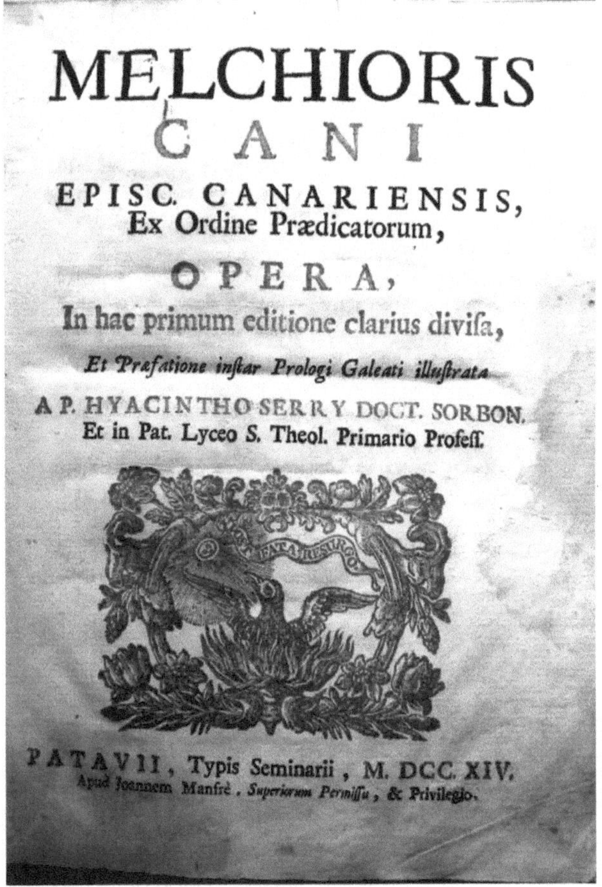

MELCHIORIS
CANI
EPISC. CANARIENSIS,
Ex Ordine Prædicatorum,
OPERA,
In hac primum editione clarius divisa,
*Et Præfatione instar Prologi Galeati illustrata*
A P. HYACINTHO SERRY DOCT. SORBON.
Et in Pat. Lyceo S. Theol. Primario Profess.

PATAVII, Typis Seminarii, M. DCC. XIV.
Apud Joannem Manfrè, *Superiorum Permissu*, & Privilegio.

In der großen Anzahl von Editionen, die im Laufe der Jahrhunderte erschienen sind, markiert die von François-Jacques-Hyazinth Serry[109] besorgte Ausgabe Padua 1714 einen besonders interessanten Einschnitt. Diese nämlich enthält neben den *De locis theologicis libri duodecim* und den beiden *Relectiones* erstmals einen umfangreichen, 14 Kapitel umfassenden Prolog, dessen Zusammenstellung Serry selber zugeschrieben wird.[110]

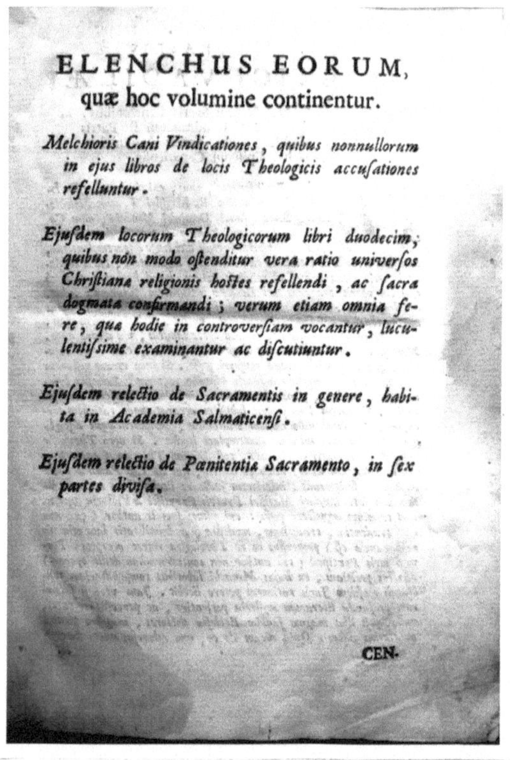

ELENCHUS EORUM,
quæ hoc volumine continentur.

*Melchioris Cani Vindicationes, quibus nonnullorum in ejus libros de locis Theologicis accusationes refelluntur.*

*Ejusdem locorum Theologicorum libri duodecim; quibus nôn modo ostenditur vera ratio universos Christianæ religionis hostes refellendi, ac sacra dogmata confirmandi; verum etiam omnia fere, quæ hodie in controversiam vocantur, luculentissime examinantur ac discutiuntur.*

*Ejusdem relectio de Sacramentis in genere, habita in Academia Salmaticensi.*

*Ejusdem relectio de Pœnitentiæ Sacramento, in sex partes divisa.*

CEN-

109 Zur Biographie vgl. Quétif, Coulon III (1914) 618–633; Gorce (1941) 1957–1963; Tenge-Wolf (1964) 490; Hogenmüller: Serry (2012) 83–85.

110 Fermín Caballero gibt explizit zu verstehen [(1871) 375], dass H. Serrys Ausführungen in den *Vindicationes* erstmals in der 1720 in Padua erschienenen Ausgabe enthalten sind. Dem ist entgegenzuhalten, dass bereits in der früheren Ausgabe von 1714 die *Vindicationes* Teil der Edition waren [so auch Belda Plans (2006), LXXXVI].

Ziel dieses Vorworts war es, die unterschiedlichen theologisch-literarischen Vorwürfe und Kritikpunkte zu widerlegen, die seit 1563 an Canos Person und an dessen Hauptwerk geäußert worden waren. Dementsprechend lautet der Titel dieses speziellen Prologs *in extenso*: *Melchioris Cani Vindicationes, Quibus nonnullorum in ejus libros de locis Theologicis accusationes refelluntur.*

## V.1 Die literarische *Vindicatio* des 16. Jahrhunderts

Unter dem Begriff *vindicatio* ist im 16. Jahrhundert zunächst die ‚Rechtfertigung' gegenüber Anfeindungen zu verstehen, die lediglich dem Anschein nach gerichtliche Präsenz besitzt. Vielmehr ist ihre Verwendung im literarischen Kontext von schriftlich geäußerter Kritik und Widerlegung der spezifische Ausdruck für eine ‚Verteidigungs-' bzw. ‚Rechtfertigungsschrift' zu finden, wie sich anhand verschiedener ähnlich lautender Werke seit dem 16. Jahrhundert belegen lässt. Aus dem Jahr 1523 ist beispielsweise eine *Responsio ad convicia Martini Lutheri* des Sir Thomas More bekannt, die den Untertitel *Vindicatio Henrici Octavi* trägt. Ihr Ziel war es, Heinrich VIII. gegen den von Luther geäußerten Tadel zu rechtfertigen. Eine ähnliche Absicht verfolgten auch die im Jahr 1601 erschienenen Schriften des Heidelberger Theologen David Pareus [Wängler] (*Calvinus orthodoxus, sive vindicatio Calvini de Trinitate et Divinitate Christi*) und des Johannes Piscator [Fischer] (*Appendix ad Analysis Matthaei. Vindicatio a falsa expositione Roberti Bellarmini*). Im Jahr 1649 veröffentlichte Kardinal Pietro Sforza Pallavicino gegen die Vorwürfe des Julius Clemens Scotti eine Verteidigung der Jesuiten, deren Titel *Vindicationes Societatis Jesu, quibus multorum accusationes in eius institutum, leges, gymnasia, mores refelluntur* lautet. Ebenso ist eine Schrift des Johann Amos Comenius aus dem Jahr 1659 bekannt, die *Vindicatio famae et conscientiae* überschrieben ist und eine Schutzschrift gegen an Comenius gerichtete Vorwürfe darstellt. In Serrys Konzeption ist die *Vindicatio* somit eine schriftliche Rechtfertigung gegen Kritikpunkte, die im Vorfeld ebenso schriftlich vorgebracht worden sind.

## V.2 Gliederung und Inhalt der *Vindicationes*

Der jener 1714 erschienenen Edition der *loci* beigefügte Prolog gliedert sich in insgesamt 14 Kapitel:

*Caput Primum. Egregia virorum illustrium de Melchiore Cano testimonia*

*Caput II. Diluitur prima in Melchiorem Canum accusatio, de laeso Gregorio Magno in Dialogis, et Venerabili Beda in Anglorum Historia*

*Caput III. Altera Criminatio refellitur, de eodem Gregorio laeso in Epistola 31*

*Caput IV. Tertia de laeso Doctore Angelico accusatio depellitur*

*Caput V. De oppugnato Divo Hieronymo querela refutatur*

*Caput VI. De actis sextae Synodi oecumenicae oscitanter lectis, ac temere usurpatis querimoniae diluunter*

*Caput VII. Cani sententia de Sacramenti Matrimonii administro ab aemulorum censuris eximitur*
*Caput VIII. Pia Melchioris Cani sententia De Christi Domini tristitia in passione, a reprehensorum morsibus vindicator*

*Caput IX. Melchior Canus Divo Stephano Protomartyri nequaquam injurius ostenditur*

*Caput X. Accusatio de vellicato nomine Societatis Jesu depellitur*

*Caput XI. Judicii Pontificii in Religiosis institutis approbandis indeficientia, qualis a Melchiore Cano negata sit, explicatur*

*Caput XII. De S. Augustino temere depresso, circa immortalitatem, et originem animarum, querela repellitur*

*Caput XIII. De Commissis invicem Romanis Pontificibus Pio II. et Sixto IV.*

*Caput XIV. De objecta Pontificibus negligentia, et oscitantia in castigandis Divorum historiis*

Das erste der insgesamt 14 Kapitel behandelt im Gegensatz zu den anderen keine Anschuldigungen (*accusationes*), die gegen Cano wegen kritischer Äußerungen gegenüber Einzelpersonen, kirchlichen Einrichtungen wie auch eigener Ansichten vorgebracht worden sind, sondern besteht aus einer großen Anzahl durchweg positive Zeugnisse namhafter Theologen unterschiedlicher Ordenszugehörigkeit über ihn (Caput Primum. *Egregia virorum illustrium de Melchiore Cano testimonia*).

Der erste zu widerlegende Kritikpunkt im zweiten Kapitel betrifft den Vorwurf, Cano habe sowohl Gregor den Großen und seine Aussagen in den *Dialogi* als auch Beda Venerabilis in der *Angelorum historia* angegriffen (*Diluitur prima in Melchiorem Canum accusatio, de laeso Gregorio Magno in Dialogis, et Venerabili Beda in Anglorum Historia*).

Im dritten Kapitel steht die Zurückweisung der Anklage im Mittelpunkt, Cano habe Gregor ein weiteres Mal in dessen 31. Brief kritisiert (*Altera Criminatio refellitur, de eodem Gregorio laeso in Epistola 31*).

Kapitel IV behandelt wiederum Canos vermeintliche Kritik an Thomas von Aquin, den *Doctor Angelicus* (*Tertia de laeso Doctore Angelico accusatio depellitur*), woran sich im fünften Kapitel die Rechtfertigung gegenüber der Klage anschließt, Cano habe dem heiligen Hieronymus widersprochen (*De oppugnato Divo Hieronymo querela refutatur*).

Im sechsten Kapitel werden Anschuldigungen widerlegt, die Cano Leichtfertigkeit bei der Verwendung der Akten der Sechsten Synode unterstellen (*De actis sextae Synodi oecumenicae oscitanter lectis, ac temere usurpatis querimoniae diluunter*).

Kapitel VII thematisiert die Kritik an Canos Äußerungen über den Spender des Ehesakraments (*Cani sententia de Sacramenti Matrimonii administro ab aemulorum censuris eximitur*), woran sich im achten Kapitel die Widerlegung der Kritik an der Meinung des Spaniers hinsichtlich Christi Trauer während der Passion anfügt (*Pia Melchioris Cani sententia De Christi Domini tristitia in passione, a reprehensorum morsibus vindicatur*).

Der Nachweis gerechten Verhaltens gegenüber dem Protomärtyrer Stephanus ist Thema des neunten Kapitels (*Melchior Canus Divo Stephano Protomartyri nequaquam injurius ostenditur*).

In Kapitel X kommt es zur Entgegnung und Widerlegung des Vorwurfs, Cano habe die Bezeichnung *Societas Iesu* kritisiert (*Accusatio de vellicato nomine Societatis Jesu depellitur*).

Welche Art von Unfehlbarkeit des päpstlichen Urteils Cano bei der Anerkennung religiöser Institutionen bestritten hat, wird im elften Kapitel näher spezifiziert (*Judicii Pontificii in Religiosis institutis approbandis indeficientia, qualis a Melchiore Cano negata sit, explicatur*).

Kapitel XII behandelt und widerlegt die Klage über die leichtfertige Herabsetzung des heiligen Augustinus hinsichtlich der Unsterblichkeit und des Ursprungs der Seelen (*De S. Augustino temere depresso, circa immortalitatem, et originem animarum, querela repellitur*).

Im vorletzten Kapitel werden Canos vermeintlich ungerechte Äußerungen gegenüber den Päpsten Pius II. und Sixtus IV. näher betrachtet (*De Commissis invicem Romanis Pontificibus Pio II. et Sixto IV.*), während in Kapitel XIV seine vermeintliche Kritik an jenen Päpsten widerlegt wird, denen er Gleichgültigkeit und Teilnahmslosigkeit bei der Einschränkung von Heiligengeschichten vorgeworfen habe (*De objecta Pontificibus negligentia, et oscitantia in castigandis Divorum historiis*).

## V.3 Die Bedeutung der *Vindicationes*

Serrys erklärtes Ziel, das er mit der Abfassung der *Vindicationes* verfolgte, war es offenkundig, den spanischen Ordensbruder gegen die negativen Äußerungen der Nachwelt – insbesondere von jesuitischer Seite – zu verteidigen bzw. dessen Standpunkte zu rechtfertigen. Die Behandlung der einzelnen Anschuldigungen erfolgte dabei nach einer erkennbaren Systematik. Nach der grundlegenden Analyse des Sachverhaltes und der Identifikation der kritisierten Textstellen in den *loci* führte Serry neben theologischen auch historische Argumente an, um die Kritiker zurückzuweisen. Dabei verzichtete Serry jedoch darauf, Belege aus Canos eigener Schrift zu entnehmen. Als Unterstützung dienten ihm hingegen zahlreiche Zitate aus den Werken angesehener Kirchenhistoriker und Theologen unterschiedlicher Ordenszugehörigkeit. Deren Zeugnisse bestätigen und unterstützen Serrys grundsätzlich positive Wahrnehmung des Schaffens seines Ordensbruders.

Der besondere Stellenwert der *Vindicationes Melchioris Cani de locis theologicis* ergibt sich aus dem Umstand, dass in ihnen eine detaillierte Sammlung umfangreicher, gegen Cano als dem ersten und berühmtesten Gegner der *Societas Iesu* geäußerter Kritikpunkte vorliegt. Somit bietet sie aus Sicht der modernen Forschung ein eindrucksvolles Zeugnis für die Rezeptionsgeschichte, die kontroverse Diskussion und kritische Wahrnehmung sowohl der *Loci theologici* als auch ihres Verfassers im 18. Jahrhundert.

# VI Kapitel Die Rezeption der römischen Literatur – Cicero, Pacuvius und Agrippa von Nettesheim in den *Loci theologici*

## VI.1 Vorbemerkungen

„Die Rezeption der römischen Literatur“, so Peter Lebrecht Schmidt[111], „sowie der lateinischen Literatur der Spätantike in den und durch die karolingischen Reformbestrebungen ist ein für die europäische Kulturgeschichte derart epochaler und monumentaler Prozess, dass über die Ursachen der Relation von nunmehr Erhaltenem und endgültig Verlorenem nachzudenken sich immer wieder lohnt.“

Bei dieser Reflektion wiegt die Tatsache jedoch schwer, dass kein Genre der lateinischen Literatur hierbei einen größeren Verlust hinnehmen musste als das Drama: Der weitaus größte Teil der lateinischen Tragödie gilt als unwiederbringlich verloren; neben den wohl allein durch Zufall im 11. Jahrhundert wiederentdeckten Tragödien des Seneca[112] sind keine weiteren Stücke klassischer Autoren vollständig überliefert worden[113]. Namentlich bekannt hingegen sind einige Autoren, die sich tragischer Dichtung verschrieben haben, so neben den Archegeten des 3. Jahrhunderts Livius Andronicus und Naevius die Trias Ennius, Pacuvius und Accius im zweiten vorchristlichen Jahrhundert. Deren Werke jedoch bestehen in der heutigen Fassung größtenteils aus Fragmenten bestenfalls *certae*, häufiger jedoch *incertae sedis*. Umso wichtiger scheint es vor diesem traurigen Hintergrund, auch noch so beiläufigen Verweisen später Rezipienten klassischer Literatur nachzugehen, die bisweilen neue Erkenntnisse über die Zuweisung

---

111 Vgl. Schmidt (2000) 111.
112 Vgl. dazu u. a. Maurach ($^4$2005) 211–222.
113 Vgl. u. a. Herzog, Schmidt (1989) 151–152.

und Einordnung solch unklarer Fragmente ans Tageslicht bringen könnten.

Für die Rezeption antiker Literatur ist Canos umfangreiches Werk über die *Orte der Theologie* eine regelrechte Schatztruhe.[114] Der Spanier nämlich verfügte über ein breit gefächertes Spektrum an klassischen Autoren[115], auf deren Werke er zurückgriff und deren Inhalte er für seine gewandelte Intention gewinnbringend verwendete. Dabei finden sich neben den „Klassikern" wie Aristoteles, Cicero und Platon auch Autoren, deren Bedeutung für die Theologie vordergründig geringer, für die Intention des Dominikaners jedoch nicht zu verachten war. Ein solcher, lediglich beiläufig erwähnter Autor ist der Tragödiendichter Pacuvius, auf dessen Verweis in Canos *loci* im weiteren Verlauf näher eingegangen werden soll.

## VI.2 Pacuvius' *Antiopa*

Von den Tragödien des Marcus Pacuvius sind der modernen Forschung insgesamt zwölf Titel bekannt, die allesamt mythologische Themen behandeln: *Antiopa, Atalanta, Armorum iudicium, Chryses, Dulorestes, Hermiona, Iliona, Medus, Niptra, Periboea, Teucer* wie auch eine Praetexta mit Namen *Paulus*. Bezeugt sind sie jedoch allein fragmentarisch – für elf Tragödien wie auch den *Paulus* finden sich Erwähnungen und Zitate bei mehreren Autoren, den *Pentheus* hingegen nennt allein der Grammatiker Servius. Nicht eine aber ist vollständig erhalten. Dass Pacuvius' Werke in der gesamten Antike bis in die Spät-

114 Vgl. Hogenmüller (2011) 413–416 und (2014) 320–330.

115 Die meist zitierten Autoren sind nach Belda Plans Zählung [(2006) CXIII–CXIV] Aristoteles mit 79 Stellen, Flavius Josephus mit 57, Cicero mit 39, Platon mit 14 und Herodot mit 12, gefolgt von Plinius dem Älteren mit sieben Stellen, Quintilian mit sechs, Titus Livius mit ebenso sechs Passagen, Diogenes Laertios mit drei, Horaz, Cäsar, Pindar, Varro, Porphyrios, Galen und Plutarch mit je zwei Stellen. Weitere Autoren, die allerdings nicht immer explizit in der Version der *Editio princeps* angeführt werden, sind u. a. Seneca, Ovid, Jamblich, Juvenal, Lukrez, Sallust, Ausonius, Laktanz, Valerius Maximus, Pomponius Leto, Euklid, Demosthenes, Dionysios von Halikarnass, Euripides und Ptolemaios.

antike viel gelesen und kommentiert wurden, bezeugen vielfache Stellungnahmen bekannter Autoren wie Cicero und Varro[116].

Nicht minder groß war das Interesse an Pacuvius im Mittelalter, wie ein breites Spektrum an interessierten Autoren bestätigen kann, die immer wieder Zitate aus den verschiedenen Werken des Dichters anführen[117]. Die für die Quantität der Fragmente bedeutendste Quelle jedoch ist das lexikographische Werk *De compendiosa doctrina* des Nonius Marcellus[118]. Darin überliefert der Autor 175 Fragmente mit der Autorenangabe Pacuvius, weitere fünf lassen sich einem der bekannten Stücke zuweisen. Die Vermutung liegt nahe, dass eine erweiterte Ausgabe des Nonius noch im 15. Jh. als Quelle antiker Zitate vorgelegen hat, allerdings kann diese These nicht gänzlich bestätigt werden[119].

Für die *Antiopa*, die im Mittelpunkt dieser Untersuchung stehen soll, sind zwölf Fragmente mit Autor- und Titelangabe überliefert, doch gibt es weitere vier Fragmente ohne Titelangabe (frg. 1. frg. 4, frg. 12, frg. 17[120]), die aufgrund ihrer inhaltlichen Erwägungen ebenfalls der *Antiopa* zugeordnet werden dürften.

Die *Antiopa* selbst geht in der Fassung des Pacuvius wohl auf die gleichnamige Tragödie *Antiope* des Euripides zurück[121]. Zeitlich eng

116 Hier sind u .a. zu nennen L. Afranius (Zeitgenosse des Accius, 170–86 v. Chr.), C. Lucilius (ca. 180–103 v. Chr.), die anonyme *Rhetorica ad Herennium* (86/82 oder 60/50 v. Chr.), M. Tullius Cicero (100–43 v. Chr.), M. Terentius Varro (116–27 v. Chr.), M. Fabius Quintilianus (ca. 35–100), C. Suetonius Tranquillus (ca. 70–nach 122), Aulus Gellius (ca. 125/130), Aelius Donatus (Mitte des 4. Jh.), Diomedes (Mitte/Ausgang des 4. Jh.), Servius (4./5. Jh.), Aurelius Augustinus (354–430) und Sergius (vor Beginn des 6. Jh.); dazu ausführlich Schierl (2006) 37–39.

117 Neben Beda (7./8 Jh.) sind dies insbesondere Paulus Diaconus (8./9. Jh.) und Albinus rhet. (9. Jh.).

118 Sein Leben fällt wahrscheinlich in die Zeit um 400, vgl. dazu Deufert (2001) 137–149; ders.: (2002) 320 m. Anm. 139; Schierl (2006) 47–49.

119 Der Martial-Kommentar des Niccolò Perotti (Venedig 1489) bietet zahlreiche Beispiele antiker Autoren und verweist auf lexikographische und grammatische Schriften, wobei einige Bücher des Nonius fast vollständig übernommen werden. Einige, nicht aber alle, lassen sich verifizieren.

120 Ich beziehe mich bei der Nummerierung der Fragmente auf die Zählung von Schierl (2006).

121 Vgl. Mathiessen (2002) 253: „Die *Antiope* war im Altertum beliebt, und es wurde oft aus ihr zitiert. Dadurch besitzen wir etwa 120 bei antiken Autoren zitierte Verse, dazu noch etwa 30 Verse aus der *Antiopa* des Pacuvius, die sich wohl eng an Euripides anlehnte." Vgl. auch Schierl (2006) 93–94.

mit den *Phoenissen* und der *Hypsipyle* verwandt, wird die griechische *Antiope* auf das Jahr 410 v. Chr. datiert. Die Handlung ist in großen Teilen aus Hygin (fab. 7; fab. 8) und mit einigen Abweichungen aus Apollodoros (3,5,5) zu erschließen. Der Schlussteil des Stückes wiederum lässt sich aus einem Papyrusfragment (116 Verse) recht gut rekonstruieren[122]. Von besonderem Interesse ist das erste Epeisodion (frgg. 183–202), in dem es zu einem Zusammentreffen der beiden Brüder Zethos und Amphion kommt, das in der Aufforderung an Amphion endet, den Bruder, Zethos, auf die Jagd zu begleiten. Als Resultat aus Amphions Weigerung entsteht der berühmte Redestreit zwischen Zethos als dem Vertreter des praktischen und Amphion als jenem des theoretischen Lebens, der in dieser Form erstmals von Euripides ausformuliert wurde, bis zu Stobaios jedoch immer wieder aufgegriffen worden ist[123].

Dass auch Pacuvius den Agon der beiden Brüder, wenn auch in anderer Form und differenzierter Gewichtung als die euripidäische Vorlage[124], in seine Version aufgenommen hat, scheint wahrscheinlich und wird jüngst von Petra Schierl in ihrem 2006 publizierten, sehr umfangreichen und äußerst aufschlussreichen Kommentar „Die Tragödien des Pacuvius" angenommen. Dennoch ist die Überlieferung sehr dürftig[125]: „Zum Streitgespräch zwischen Amphion und Zethos gehören von den sicher für seine *Antiopa* überlieferten Fragmenten nur zwei (fr. 6, fr. 7). Dazu kommen wahrscheinlich ein ohne Titelangabe überliefertes Fragment (fr. 4) und eines, für das auch kein Autor genannt ist (fr. 5)."

Gerade das ohne Titelangabe überlieferte Fragment 4 offenbart eine aufgrund seines plakativen Inhalts besondere Qualität für die vorliegende Untersuchung, worauf im weiteren Verlauf eingegangen werden soll. Der Wortlaut selbst lautet bei Schierl folgendermaßen:

> *odi ego homines ignava opera et philosopha sententia*
>
> Ich hasse Menschen, die in ihrem Tun träge und in ihren Äußerungen philosophisch sind

---

122 Dazu ausführlich Mathiessen (2002) 253–254.

123 Ibid. 254.

124 Vgl. dazu D'Anna (1967) 45. Einen anderen Ansatz vertreten Garbarino (1973) 600 m. Anm. 2. und Bilinski (1962) 17.

125 Vgl. Schierl (2006) 99.

Schierl verweist auf Gellius (Gell. 13,8,4) als Quelle des Zitats. Die wahrscheinliche Einordnung in die *Antiopa* ergibt sich für sie aus der relativ guten Passung des Inhalts.[126] Dass Schierl wie auch ihre Vorgänger[127] das Fragment zu Recht in die Handlung der *Antiopa* eingeordnet haben, scheint eine recht unauffällig wirkende Stelle im IX. Buch der *loci* näher belegen zu können. Deren Kontext und Wortlaut soll nun genauere betrachtet werden, gibt er doch Anlass zu einigen interessanten Folgerungen.

## VI.3 Aufbau des IX. Buches

Cano, der als erster Theologe bekanntermaßen neben den klassischen theologischen Orten (Heilige Schrift, apostolische Tradition etc.) auch drei nicht theologischen Orten – natürliche Vernunft, (Natur-)Philosophie und profane Geschichte – die Fähigkeit zuspricht, in Dingen des Glaubens passende Argumente für die Auseinandersetzung mit Häretikern zu liefern, unterscheidet diese in ihrer Disposition.

Die Diskussion, dass die Vernunft im Rahmen der Theologie häufig überbewertet wird, eröffnet im ersten Kapitel die Thematik des IX. Buches. Dennoch, so der Tenor des zweiten Kapitels, liegt bisweilen auch eine Unterbewertung vor, die insbesondere in der protestantischen Theologie zum Tragen kommt (Kapitel III). Kapitel IV liefert hiernach den Nachweis der Berechtigung und Notwendigkeit, der Vernunft in der Theologie den ihr zustehenden Platz einzuräumen. Einschlägige Aussagen der Kirchenväter dienen dem Spanier als Belege seiner These (Kapitel V), die er durch Verweis auf die Praxis der Apostel und anderer „heiliger Männer" weiter bestärkt (Kapitel VI). Dass bei der Einbeziehung von Argumenten der Vernunft zwei Arten von Fehler auftreten können, die jedoch vermieden werden müssen, thematisiert er im siebten Kapitel. Durch die Bestimmung der argumentativen Kraft dieses theologischen Ortes innerhalb der Theologie im achten Kapitel untermauert Cano seine Entscheidung für die Rechtmäßig-

126 Ibid. 111.
127 Zuvor schon von Valckenaer [(1824) 77], Ribbeck [(1895) 287] und D'Anna [(1967) 49.186] vermutet.

keit der Vernunft im Kanon der *loci*, worauf er, das Buch abschließend, nochmals auf die in Kapitel II geäußerten Einwände eingeht (Kapitel IX).

## VI.4 Feinde der Philosophie – Luther – Agrippa – Zethos

Bei der rechten Bestimmung und Einordnung der natürlichen Vernunft als theologischen Ort verweist der Spanier explizit darauf, dass insbesondere die Lutheraner der natürlichen Vernunft gegenüber feindlich eingestellt sind. Gerade Luthers Haltung sticht hierbei hervor:

> *Lutherus etiam, qui omnes omnium haereticorum haereses in unam fecit Camarinam confluere, non modo asseruit philosophiam esse theologo inutilem et noxiam, verum etiam omnes speculativas disciplinas errores esse. Scilicet morum philosophiam novis hic Socrates mirifice complexus est: quae in contemplatione versatur, eam solum damnat. Cornelius quoque Agrippa, vir post hominum memoriam vanissimus, in suo illo libro, qui 'de Vanitate scientiarum' inscribitur, non, sicut Zethus ille Pacuvianus, philosophiae solum, sed omnibus humanis disciplinis, atque adeo divinis bellum indixit.*

> Auch Luther, der alle Häresien aller Häretiker zu einem einzigen Unheil zusammenfließen lässt, hat nicht nur behauptet, dass die Philosophie für den Theologen unnütz und schädlich ist, sondern auch, dass alle theoretischen Disziplinen irrig sind. Sicher hat sich dieser ‚neue Sokrates' in wundersamer Weise die Moralphilosophie umfassend angeeignet und verurteilt nur jene, die in der Anschauung verweilt. Auch Cornelius Agrippa, ein nach der Erinnerung der Menschen sehr eitler Mann, hat in seinem Buch, dessen Titel *De vanitate scientiarum* lautet, nicht nur, wie jener Zethus des Pacuvius, der Philosophie, sondern allen menschlichen und deshalb auch den göttlichen Lehren den Krieg erklärt.

Allein die Häretiker, zu denen für Cano die Reformatoren gehörten, hielten die Philosophie für die Theologie unnütz und schädlich. Hauptvertreter dieser Einstellung sei Luther, der gerade die spekulativen Disziplinen als irrig aburteile. In seiner gegenüber der Philosophie feindlichen Haltung ähnele er stark den Ansichten des ihm und seinen Schriften zugetanen deutschen Gelehrten Cornelius Agrippa, auf den sich Cano explizit bezieht.

Hinter diesem Namen verbirgt sich niemand anderes als der am 16. September 1486 in Köln geborene Heinrich Cornelius Agrippa von

Nettesheim. Agrippa galt zu seiner Zeit als Universalgelehrter, der sich insbesondere mit Theologie, Jurisdiktion, Philosophie und Medizin auseinandergesetzt hat. Seinen ausgezeichneten Ruf verschaffte sich Agrippa durch seine Beschäftigungen mit Magie, Kabbala, Astrologie und Naturphilosophie wie auch durch seine zahlreichen Beiträge zur Religionsphilosophie. Nach seinem erfolgreichen Studium der Jurisprudenz und Medizin - und damit verbunden, einer allgemeinen Richtung der Zeit folgend, dem Studium des klassischen Altertums – in Köln (1499 bis 1502) und später in Paris (1502/1503 bis 1507) trat Agrippa erstmals 1509 als Dozent an der Universität im burgundischen Dôle mit Vorlesungen über Johannes Reuchlins Werk *De verbo mirificio* an die Öffentlichkeit. In Dôle verfasste er die *Declamatio de nobilitate et praecellentia foeminei sexus* zum Lob des weiblichen Geschlechts. Aus dem Jahr 1510 stammte die auf Anregung des berühmten Gelehrten Johannes Trithemius verfasste Schrift *De occulta philosophia* über die bis dahin bekannte Magie, die erstmalig eine systematische Zusammenfassung durch Verifizierung und Klassifizierung dieses Wissens seiner Zeit darstellte. Ende 1511 nahm er am Konzil zu Pisa teil, auf dem er nach eigenem Bekunden wie eine Vielzahl anderer Theologen unter dem Pontifikat Papst Julius II. exkommuniziert wurde. Wahrscheinlich war es eine *Excommunicatio ferendae sententiae*, also eine Exkommunikation auf Grund des öffentlichen Disputs mit Vertretern der Katholischen Kirche. Nach der Wahl Papst Leos X. wurde Agrippas Exkommunikation durch eine Rekonziliation aufgehoben (1513).

Seit dem Jahr 1518 ist bei ihm ein vermehrtes Interesse an den Schriften der Reformatoren auszumachen, deren Werke - insbesondere jene von Martin Luther, Erasmus von Rotterdam und Lefèvre d'Étaples - er erwarb und an seine gelehrten Freunde verteilte. Ab 1524 hielt sich Agrippa in Lyon auf, wo er zunächst (1526) das Traktat *Declamatio de sacramento matrimonii* abfasste und hiernach sein zweites Hauptwerk *De incertitudine et vanitate scientiarum* vollendete (wohl 1527). Jedoch erst nach langen Verhandlungen erhielt er für die redigierte Fassung von *De incertitudine et vanitate scientiarum* und *De occulta philosophia* wie auch einen Teil seiner weiteren Schriften das Kaiserliche Privileg zum Druck seiner Werke. Mitte 1530 wurde das Buch *De incertitudine et vanitate scientiarum* von Agrippas Verleger

Cornelius Grapheus in Antwerpen gedruckt und veröffentlicht. Dieses Buch, in dem er die kirchlichen und politischen Zustände seiner Zeit angriff, verbreitete sich sehr schnell unter den Gelehrten Europas. Der Klerus der Katholischen Kirche, der das Buch verbieten wollte, sah darin allein das Wirken der Häresie und Ketzerei. Um die theologischen und rechtlichen Fragen abzuklären, wurde die Universität Löwen hinzugezogen, die aber ebenfalls das Buch verurteilte, ein generelles Verbot aber nicht beschließen wollte. In der Folge kam es zwar zu einzelnen Reaktionen – am 2. März 1531 verurteilte beispielsweise die Universität Sorbonne in Paris die französische Edition offiziell als Werk eines Ketzers –, durchschlagende Maßnahmen wurden jedoch weder gegen das Werk noch den Verfasser der Schrift eingeleitet. Agrippa starb nach einem bewegten Leben mit 49 Jahren am 18. Februar 1535 in Grenoble[128].

Agrippas Schrift *De incertitudine et vanitate scientiarum* bietet neben einer Vielzahl von Stellen den Beweis für eine grundsätzlich feindliche Haltung dieses Unterstützers der Reformation gegenüber der Philosophie. Mit hoher Wahrscheinlichkeit dürfte Cano wohl jene Stelle im letzten Kapitel – der *Operis peroratio* – vor Augen gehabt haben, als er die vorliegende Stelle der *loci* niederschrieb. Dort äußert sich Agrippa explizit zur Stellung der Philosophie:

> *O stulti et impii, qui posthabentes dona Spiritus sancti, laboratis, ut a perfidis Philosophis, et errorum magistris discatis ea, quae a Christo et Spiritu sancto suscipere deberetis. An putabitis vos posse ex Socratis ignorantia haurire scientiam? Ex Anaxagorae tenebris lucem? Ex Democriti puteo virtutem? Ex Empedoclis insania prudentiam? Ex Diogenis dolio pietatem? Ex Carneadis Archesilai stupore sensum? Ex impio Aristotele et perfido Avarroe sapientiam? Ex Platonicorum superstitione fidem? Erratis admodum valde et decipiemini ab his, qui fuerunt decepti.*

> O ihr gottlosen Narren, ihr missachtet die Gaben des Heiligen Geistes, wenn ihr von den ungläubigen Philosophen, den Meistern der Irrtümer, das lernen wollt, was ihr von Christus und dem Heiligen Geist annehmen solltet.
> Meint ihr etwa, ihr könntet aus dem Nicht-Wissen des Sokrates Wissen erhalten, aus dem Dunkel des Anaxagoras Licht, aus dem Brunnen des

128 Zu Vita und Werk des Cornelius Agrippa vgl. auch Schmidt-Biggemann ($^{3}$1993) 251–251; Orsier (1911) 12–48; Zambelli (1969) 264–295; Wollgast (1993) 273–312.

> Demokrit Tugend, aus dem Wahnsinn des Empedokles Klugheit, aus dem Fass des Diogenes Frömmigkeit, aus der Urteilsfähigkeit des Karneades und Arkesilaos Empfindungsfähigkeit, von dem ungläubigen Aristoteles oder dem falschgläubigen Avarroes Weisheit und von den abergläubischen Platonikern Glauben? Ihr irrt schrecklich und lasst euch von Leuten täuschen, die selbst getäuscht worden sind.

Die Philosophie biete, so Agrippa, kein echtes Wissen, da die Philosophen selbst getäuscht worden seien. Als *errorum magistri* befänden sie sich im Irrtum und könnten die Gläubigen nichts anderes lehren. Um wahres Wissen zu erlangen, so Agrippa weiter, müsse der Mensch umkehren und die Nebelschwaden des Menschenwissens verlassen. Wahres Wissen komme allein von Gott. Dieses göttliche Wissen allein sei unerschöpflich und allumfassend. Doch um es zu erlangen, bedürfe es des Glaubens, nicht des Studierens. Ein geläuterter Verstand sei der Schlüssel zur Wahrheit[129].

## VI.5 Agrippa ein ‚alter Zethus'?

Vergleicht man nun die Ausführungen Agrippas mit dem zuvor genannten Fragment der Tragödie des Pacuvius, so wird deutlich, dass sich der Tenor des Fragments sehr gut in den Worten des Agrippa widerspiegelt. Ja, es scheint sogar, dass gerade Agrippas pathetische Darstellung die konkrete Aussage des Fragmentes mit Inhalt zu füllen im Stande ist, dessen Fortlauf zu einer Kritik der Philosophie allgemein tendieren dürfte[130]. Die Stellungnahme des nicht eindeutig ausgewiesenen Sprechers des Fragmentes – er hasst Menschen, die in ihrem Tun

129 *De incert. et vanit. scient., Peroratio: Sed revocate vosmetipsos, qui veritatis cupidi estis, descendite ab humanarum traditionum nebulis, adsciscite verum lumen. Vox ecce de coelo, vox de sursum docens, et sole clarius ostendens, quid vobis iniqui estis et sapientiam suscipere cunctamini? (...) Indeficiens enim est divina scientia, cui nihil elabitur, nihil accedit, sed comprehendit omnia. Scitote ergo nunc, quia non longi temporis studio, sed humilitate spiritus et munditia cordis, non librorum multorum sumptuosa supellectile, sed expurgato intellectu, et veritati veluti clavis cum cera coaptato.*

130 Vgl. Schierl (2006) 111: „Während sich bei Gellius der Philosoph Macedo mit diesem Zitat gegen ‚falsche Philosophen' wendet (...), dürfte Zethos in der *Antiopa* Kritik an der Philosophie überhaupt geäußert haben (...)."

träge und in ihren Äußerungen philosophisch sind – wird gewissermaßen zum Thema des Epilogs von *De incertitudine.*

Geht man nun mit Petra Schierl davon aus, dass es sich bei diesem Fragment um einen Bruchteil aus dem berühmten Agon der *Antiopa* handelt, der gegen die *sapientiae rationem et virtutis utilitatem* gehalten worden ist, so liegen dreierlei Schlussfolgerungen nahe.

Erstens scheint es relativ wahrscheinlich, den Fortlauf des Agons in ähnlicher Weise zu denken, wie ihn Agrippa in seinem Epilog formuliert hat: Eine ungenannte Person kritisiert Menschen, die ihre Zeit mit Philosophieren verbringen, und weist solche zurecht, die sich den philosophischen Ansätzen und Lehrmeinungen verschiedener Philosophen anschließen. Denkbar ist hierbei, dass Pacuvius seinen Sprecher durchaus bekannte Philosophen wie Anaxagoras, Demokrit, Empedokles, Aristoteles, Karneades, Arkesilaos oder Platon namentlich nennen ließ. Darin könnte somit eine gewisse Übereinstimmung mit Agrippas Formulierungen nicht allzu abwegig sein.

Folglich dürfte man zweitens im Auftreten und der Haltung des Agrippa eine Übereinstimmung mit der Wesensart des namenlosen Kritikers der Philosophie in der Tragödie des Pacuvius erkennen, von dem lediglich seine ablehnende Haltung bekannt ist. Möglicherweise hat sich Agrippa bei der Gestaltung der *Peroratio* in *De incertitudine* von Pacuvius' Charakterzeichnung des Kritikers inspirieren lassen. Den Eindruck jedenfalls vermittelte er Melchior Cano, der ihn in diesem speziellen Charakterzug mit einer *persona*, dem Zethos, der Pacuvianischen Tragödie in Verbindung brachte.

Aus Petra Schierls vorsichtiger Zuweisung des Fragments in ihrem Kommentar zu den Werken des Pacuvius an Zethos[131] ergibt sich die dritte maßgebliche Folgerung. Cano verweist allein in diesem einen speziellen Zusammenhang auf Cornelius Agrippas negative Haltung in seinem Hauptwerk *De incertitudine.* Dessen Abneigung gegenüber der Philosophie wiederum wird in aller Deutlichkeit lediglich im letzten Kapitel des Werkes, der *Peroratio*, thematisiert. Da Cano nun gleichzeitig als Vergleich für Agrippas Haltung gegenüber der Philosophie

131 Vgl. Schierl (2006) 111: „Der Vers fügt sich gut in die Handlung der *Antiopa* ein, wo sich Zethos in dem berühmten Agon *in sapientiae rationem et virtutis utilitatem* (T 45) auf diese Weise geäußert haben kann."

den Zethos bei Pacuvius anführt, scheint es durchaus wahrscheinlich, dass er die Parallelen zwischen Agrippa und Zethos erkannt hat.

Achtet man nämlich auf die Formulierung – *non, sicut Zethus ille Pacuvianus, philosophiae solum, sed omnibus humanis diciplinis, atque adeo divinis bellum indixit* –, so wird deutlich, dass es sich hierbei um eine direkte Anspielung auf Ciceros Formulierung in *De oratore* 2,155 und deren fast wörtliche Übernahme handelt. Dort lautet die Wendung:

> *quos tu cum haberes auctores, Antoni, miror cur philosophiae sicut Zethus ille Pacuvianus, prope bellum indixeris.*
>
> Da du dich auf das Beispiel solcher Männer berufen konntest, so wundere ich mich, Antonius, warum du der Philosophie, wie jener Zethos bei Pacuvius, beinahe den Krieg angekündigt hast.
> (Übersetzung Raphael Kühner)

Erneut tritt hierin eine für Cano typische Eigenart in den Vordergrund, die er bei der Benutzung seiner – häufig antiker – Quellen häufig an den Tag legt. Diese werden nicht einfach zitiert, sondern stets der Intention der zu konzipierenden Stelle angepasst und gewinnbringend modifiziert. Im vorliegenden Fall ergibt sich daraus neben der eigentlichen Kernaussage der Stelle, dem Plädoyer für die Anerkennung der Philosophie als Ort der Theologie, gleichzeitig die implizite Feststellung, in Cornelius Agrippa einen ‚alter Zethos' zu sehen.

# VII Kapitel Die Rezeption der Römischen Historiographen – Sallustius Crispus und Cornelius Tacitus in den *Loci theologici*[132]

Die Autorität der Profangeschichte (*Auctoritas humanae historiae*) spielt in Canos Werk erstmalig im Rahmen der Geschichte der Theologie eine zentrale Rolle, wie Wilhelm Schmidt-Biggemann zu verstehen gibt[133]: „Im Buch XI untersucht er (scil. Melchior Cano) die Geschichtsschreibung. Dieses Thema ist für ihn, der die Frage der Tradition als Legitimation kirchlicher Dogmatik zuerst systematisiert hat, zentral. Schließlich ist die Theologie der Tradition auf eine verlässliche Überlieferung schlechterdings angewiesen." Somit ist nachvollziehbar, dass der Dominikanertheologe der Autorität der Geschichte besonders gewichtet.

Entgegen der Erwartung legt Cano den Schwerpunkt seiner Darlegung im XI. Buch nicht so sehr auf die Heilsgeschichte als vielmehr auf die Profangeschichte, in deren Behandlung er sich explizit auch mit den paganen Historiographen der römischen Antike auseinandersetzt. Die Verweise auf die Werke der Geschichtsschreiber sind nach Juan Belda Plans Auflistung[134] zahlreich. Neben Flavius Josephus mit 57, Titus Livius mit sechs Passagen, Cäsar und Varro mit je zwei Stellen, die in der Version der *Editio princeps* explizit angeführt werden, finden sich auch Verweise auf Gaius Sallustius Crispus und Cornelius Tacitus, deren Werke Cano verwendet hat.

132 Das vorliegende Kapitel ist die überarbeitete Version des Vortrags, den ich unter dem Titel ‚The authority of history in Melchior Cano's De locis theologicis' am 19. August 2016 auf dem jährlich stattfindenden Symposium der ‚Sixteenth Century Society and Conference (SCSC)' in Brügge gehalten habe.

133 (2007) 322

134 (2006) CXIII–CXIV.

## VII.1 Die Tradition der taciteischen und sallustianischen Schriften – Von der Antike bis zur Renaissance

Die Werke des römischen Historikers Cornelius Tacitus galten vom 6. bis zum Beginn des 14. Jahrhunderts als verschollen[135]. Dennoch existierte eine Tradition der Monographien, die bis in karolingische Zeit reichte, wie Dieter Mertens zu verstehen gibt: „Die karolingische Überlieferung der kleineren Werke *Germania, Agricola* und *Dialogus* – zusammengebunden mit Suetons fragmentarischem *De grammaticis et rhetoribus* – gelangte im 15. Jahrhundert in Gestalt des von der Forschung so benannten Codex Hersfeldensis nach Italien, wurde aber sehr bald aufgeteilt und kopiert und ging danach wieder verloren."[136] Im Kloster Fulda lassen sich wiederholt Verwendungen von Texten des Historikers nachweisen – Rudolf von Fulda erwähnt in den sogenannten *Annales Fuldenses* oder Ostfränkischen Reichsannalen nicht nur zum Jahr 852 den Namen Cornelius Tacitus, sondern zitiert auch längere Passagen aus Tacitus' *Annalen* und der *Germania.*

Ab dem 14. Jahrhundert und der Wiederentdeckung des *Mediceus II* werden die Bezüge auf die Schriften des Historikers häufiger[137], wobei jedoch ein besonderes Interesse an der *Germania* zu verzeichnen ist, wie Reminiszenzen in den Werken Enea Silvio Piccolominis und Giovanni Antonio Campanos beweisen können.[138] Auf dem Konzil von Trient wiederum, auf dem Machiavellis Schrift ‚Il Principe'[139], erschienen 1513, indiziert wurde, kam es zunächst wiederholt zu Erwähnungen und Verweisen auf Tacitus und dessen Schriften (1557), auf

135 Vgl. Kelley (1993) 152–167; 185–200.

136 Vgl. Mertens (2004) 40.

137 Boccacio zitierte Teile der Annalen 13, 14 und 15.

138 Der Italiener Enea Silvio Piccolomini, seit 1458 Papst Pius II., benutzte die *Germania* 1457, um in einem Streit mit deutschen Bischöfen zu zeigen, was sich nach der Christianisierung mit Hilfe der Kirche in Germanien verändert hatte. Sein ehemaliger Sekretär Giovanni Antonio Campano hingegen versuchte auf dem ‚Regensburger Christentag' 1471, ein eher positives Bild Germaniens zu zeichnen, um die deutschen Fürsten zu einer Teilnahme am Kampf gegen die einfallenden Türken zu mobilisieren.

139 Niccolò Machiavelli (1469 bis 1527) kannte die Tiberius-Bücher der *Annales* 1513 noch nicht, weshalb er die Werke des römischen Historikers bei der Abfassung des ‚Principe' nicht verwenden konnte.

dem 1564 veröffentlichten Index jedoch zur generellen Zensur seiner Werke.[140]

Eine im weitesten Sinne ähnliche, doch im Detail differenzierte Tradition nahmen die Werke des Historikers Sallust. Während im frühen Mittelalter ein reger Gebrauch der Werke insbesondere bei den Kirchenvätern auszumachen war, die Sallusts moralisierende Ausführungen über die durch *ambitio* und *avaritia* ausgelöste moralische Dekadenz der römischen Gesellschaft des 1. Jahrhunderts vor Christus für die in Christi Geburt gipfelnde Heilsgeschichte nutzten, finden sich kaum Zeugnisse des Autors in karolingischer Zeit. Die frühesten Manuskripte datieren in das 9. Jahrhundert[141], ab dem 10. Jahrhundert nehmen die Erwähnungen in den Bibliotheken zu[142], wofür Anklänge des sallustianischen *Catilina* bei Widukind von Corvey stellvertretend Zeugnis ablegen.[143]

Ab dem 15. Jahrhundert ist eine rege Rezeption und Adaption der Werke des Sallust in Italien zu sehen – beispielsweise orientierte sich Leonardo Bruni bei der Abfassung seiner Stadtgeschichte von Florenz gedanklich an Sallust[144] –, was sich insbesondere an den verschiedenen Druckausgaben zeigt. 1470 besorgte Vindelinus de Spira in Venedig die erste italienische Ausgabe des *Catilina* und des *Bellum Iugurthinum*, seit 1475 lagen die Reden, Briefe und die Cicero-Invektive in Druckform vor. Die weite Verbreitung und das breite Interesse an Sallust in Europa spiegeln sich in den 71 Ausgaben wider, die seit 1500 im Umlauf waren[145], darunter auch verschiedene Übersetzungen wie beispielsweise die erste spanische Version aus dem Jahr 1493. Auf dem

---

140 Vgl. Augias (2011) 404–405: „Der beim Konzil von Trient aufgestellte Index erschien im Frühjahr 1564 (…). Die Kongregation hatte sich ein gigantisches Zensurprogramm zu allen Autoren und Werken vorgenommen, die aus irgendwelchen Gründen nicht im Einklang mit der offiziellen Lehre standen. Darunter fielen (…) Historiker wie Herodot, Tacitus, Thukydides; die Klassiker praktische vollständig: Ovid, Vergil, Horaz, Sallust, Livius, Plutarch, Homer, Cato, Plautus, Aesop."

141 Vgl. Stein (1977) 103–104.

142 Vgl. Zimmermann (1929).

143 Vgl. Vester (1949).

144 Vgl. dazu la Penna (1968) 409–431.

145 Vgl. Stein (1977) 189.

Konzil von Trient (1564) wurden Sallust und dessen Werke ebenso zensiert wie Tacitus.

## VII.2 Die Autorität der Geschichte in den *Loci theologici* – Die Verwendung der Werke des Sallust und des Tacitus

Die Autorität der menschlichen, d. h. profanen Geschichte ist explizit Thema des XI. Buches in der Abhandlung über die Orte der Theologie. Nach dem II. wie auch dem XII. Buch, das mitunter als praxisorientierter Teil des Gesamttraktats betrachtet wird[146], ist dieser der in sieben Einzelkapitel unterteilte umfangreichste *liber* in der Beschreibung der Einzelorte.[147] Das erste Kapitel des Buches widmet Cano der Nachricht vom plötzlichen Tode seines Vaters, woran sich in Kapitel II die Diskussion des unumstrittenen Nutzens historischer Kenntnisse anschließt. Kapitel III befasst sich mit der allen Orten zugrunde liegenden Frage nach der Autorität der Geschichte, wobei für den Spanier in diesem Kapitel zunächst die Frage nach den Argumenten im Vordergrund steht, die gegen diesen Ort angeführt werden können. Nach Canos Überzeugung in Kapitel IV können der Geschichte bisweilen eine *auctoritas probabilis* wie auch eine *auctoritas certa* zugesprochen werden, woran sich in den Kapiteln V und VII die Auseinandersetzung mit den in Kapitel III vorgebrachten Einwänden schließt. Als Einschub dazwischen steht Kapitel VI, das sich der Frage nach jenen Autoren widmet, die für den Theologen als verlässlich angesehen werden können.

Allusionen auf die beiden genannten paganen Historiker finden sich mehrfach in diesem Buch, allerdings weisen kaum direkte Zitate auf eine explizite Verwendung bzw. Kenntnis von deren Werken hin. Vielmehr sind es Namensnennungen im Rahmen von indirekten Zitaten anderer Quellen, in denen Sallust und Tacitus aufgezählt werden.

146 Vgl. Körner (1994) 277 [„(...) nicht zu Unrecht hat man von einem Handbuch für Inquisitoren gesprochen."]; Huerga (1961) 52 [„Vademecum sive manuale inquisitorum"].

147 Vgl. Körner (1994) 265: „Canos letztes Buch über einen locus theologicus, das Buch über die auctoritas humanae historiae, ist nach dem Buch über die auctoritas sacrae Scripturae das zweitumfangreichste."

## VII.2.1 Sallust

Am Ende des dritten Kapitels (*De historiae humanae in theologiam utilitate*) des XI. Buches führt Cano beispielsweise ein indirektes Zitat des Flavius Vopiscus an, in dem dieser wiederum behauptet, dass sowohl Sallusts als auch Tacitus' Geschichtsschreibung in einigen Bereichen bisweilen fehlerhaft ist, ohne dabei jedoch eine genaue Stelle zu nennen:

> *Quid in imperio Romanorum? An ulli exstant annales publici, quibus credere debeamus? Minime gentium. Sed quisque pro affectu suo res illorum gestas scripsit. Laudationibus porro, quod Tullius ait, de clar. Orator., historia rerum romanarum est facta mendacior. Quaedam autem in Livio esse, quaedam in Sallustio, quaedam in Cornelio Tacito, quaedam in Trogo, quorum fides manifestis testimoniis labefactari possit, Flavius Vopiscus, in vita Aureliani, verissime dixit.*
>
> Wie sieht es im Römischen Reich aus? Gibt es dort etwa öffentlich zugängliche Annalen, denen man glauben darf? Bei Gott, nein! Sondern jeder hat die Taten jener Menschen nach Sympathie niedergeschrieben, wie Tullius sagt im *Brutus de claris oratoribus* [62]: *Andererseits ist die römische Geschichte lügnerischer als Lobreden.* Flavius Vopiscus sagt in seiner *vita Aureliani* sehr wahrheitsgemäß, dass es in Livius, in Sallust, in Cornelius Tacitus und in Trogus Stellen gibt, deren Zuverlässigkeit man durch sehr klare Zeugnisse in Frage stellen kann.

Obgleich an der erwähnten Stelle von der Möglichkeit gesprochen wird, dass beiden Historikern bei ihren Darstellungen Fehler unterlaufen sein können, mindert dies für Canos eigene Intention nicht deren Glaubwürdigkeit; vielmehr sind sie Autoren, denen traditionsbedingt Verlässlichkeit zuerkannt werden kann, wie Cano an späteren Stellen zu verstehen gibt.[148]

148 Zwei der Intention nach ähnlich gestaltete Passagen finden sich auch im sechsten Kapitel (*Qui sint probatae fidei auctores, qui contra non sint*) des XI. Buches. Dort werden in gleicher Weise wie zuvor eine Reihe antiker Historiker passim ohne direkten Bezug zu ihren Werken genannt: LT XI,6: *Quaedam enim Iulius Caesar, quaedam Suetonius, quaedam Cornelius Tacitus, quaedam Plutarchus, quaedam Plinius narrant, quae auctores ipsi partim oculis aspexerunt, partim acceperunt ab his, qui ea praesentes aspexerant. (...) Quales sunt Caesar, Val. Max., Terentius Varro, Livius, Cornelius Tacitus, Seneca (...).*

Seine eigene Sicht auf die paganen Historiker äußert er direkt erstmals im sechsten Kapitel, hier im Hinblick auf Sallust. Dort ist zu lesen:

> *Nequis negligentiae nos insimulet, si ullos aut laudando, aut vituperando transimus. Sed ais. Crispus Sallustius in perditis omnino moribus veridicus historiae scriptor est habitus. Sane quidem. At cum Sallustium obijcis, hominem obijcis: in quo si non honestatis pudor, at infamiae eius timor fuit, quam Romani cum primis declinarunt: ne mendaces, quemadmodum Graeci, in historiis haberentur. Deinde non mihi Sallustius videtur vitiis caruisse et gratiae et simultatis. Certe cum de Cicerone scribit, multa silentio praeterit: quae libentissime in aliorum gratiam retulisset. Sed haec duo vitia cum historicorum fere omnium communia sunt, tum quorundam quasi propria.*
>
> Doch niemand soll mir Nachlässigkeit vorwerfen, wenn ich einige mit Lob oder Tadel übergehe. Aber man sagt: ‚Sallustius Crispus ist als wahrhafter Historiker mit Blick auf die ganz und gar verkommenen Sitten angesehen worden.' Sicher. Doch, wenn man gegen Sallust etwas einwendet, dann wendet man etwas gegen einen Menschen ein, der, wenn schon keine Scham vor Auszeichnung, so doch Furcht vor übler Nachrede hatte, die die Römer besonders verabscheut haben, um nicht wie die Griechen in der Geschichtsschreibung als Lügner zu gelten. Zweitens scheint mir Sallust nicht frei von solchen Fehlern wie Schmeichelei und Feindschaft gewesen zu sein. Sicher, wenn er über Cicero schreibt, übergeht er vieles mit Schweigen, was er sehr gerne erwähnt hätte, um andere zu begünstigen. Doch diese beiden Fehler sind fast allen Historikern gemeinsam, aber einigen gewissermaßen besonders eigentümlich.

Bezogen auf die Argumente, die sich gegen eine Autorität der insbesondere paganen Historiker des dritten Kapitels richten, stellt Cano nun am Beispiel des Sallust dar, dass die vorgebrachten Einwände nicht den Historiker selbst, sondern den Menschen betreffen, der sich aufgrund der *pudor honestatis* bzw. der *timor infamiae* zu Zurückhaltung verleiten ließ. Das sei Sallust positiv anzurechnen, doch wäre auch er nicht frei von Schmeichelei (*gratia*) und Feindschaft (*simultas*), obgleich er gerade mit Blick auf Cicero vieles verschwiegen habe (*multa silentio praeterit*), was er zu Gunsten anderer hätte erwähnen können.

Gekonnt, jedoch – wie vielfach in seinem Werk zu attestieren – ohne direkten Quellenbezug argumentiert Cano an dieser Stelle implizit durch den Hinweis auf das historisch verbürgte gespannte Verhältnis zwischen Sallust und Cicero, das aus Sallusts Schriften bekannt war. Gerade zwei Werke des Sallust, das *Bellum Catilinae* und sicherlich die in der Forschung stets strittig beurteilte *Invectiva in Ciceronem*, sind hierfür von besonderer Qualität.

Im *Catilina* selbst erwähnt Sallust an insgesamt 18 Stellen Cicero, ohne dabei jedoch polemisch oder kritisch über den Konsul des Jahrs 63 v. Chr. zu schreiben. Denkbar ist, dass gerade Sallusts eher neutrale Darstellung der Verhaltensweisen und Entscheidungen Ciceros während der Verschwörung Cano dazu bewogen hat, Sallust zu attestieren, vieles trotz besseren Wissens bezogen auf Cicero mit Schweigen übergangen zu haben.

Dass Sallust jedoch über Cicero nicht nur geschwiegen hat, sondern durchaus polemisch gegen ihn vorgegangen ist, lässt sich plausibel nur dann erklären, wenn man Cano die Kenntnis der aus dem Jahr 54 v. Chr. stammenden Invektive gegen Cicero zuspricht[149], in der der Historiker den Konsular wüst beleidigt hat. Dass Cano darauf angespielt hat, wird bei genauerer Betrachtung einer Passage der Invektive aus zweierlei Gründen plausibel. Dort heißt es:

> *Verum, ut opinor, homo novus Arpinas, ex M. Crassi familia, illius virtutem imitatur, contemnit simultatem hominum nobilium, rem publicam caram habet, neque terrore neque gratia removetur a vero, amicitia tantum ac virtus est animi. Immo vero (...).*

> Aber ich glaube gar, der Emporkömmling aus Arpinum aus der Gefolgschaft des Marcus Crassus ahmt dessen Tüchtigkeit nach, verachtet die Feindschaft der Nobilität, hat Liebe zum Staat und lässt sich weder durch Einschüchterungsversuche noch durch Gunst vom rechten Weg abbringen; er ist ganz Freundschaft und hohe Gesinnung. Das Gegenteil ist wahr.
> (Übersetzung Werner Eisenhut)

Sallust charakterisiert Cicero an dieser Stelle zunächst voller Ironie als höchst aufrichtigen Mann, dessen integre Gesinnung durch keinerlei Irritation von außen beeinflusst werden kann, um im weiteren Verlauf der Stelle den ehemaligen Konsul mit harschen Worten zu diffamieren. Interessant ist Sallusts Wortwahl in diesem Zusammenhang, verwendet er doch die beiden Substantive *simultas* (Feindschaft) und *gratia* (Gunst), um Ciceros Verhalten negativ zu zeichnen: Cicero schrecke

149 Dass Cano Sallusts Invektive gekannt haben konnte, lässt sich aus der handschriftlichen Überlieferung wie auch gerade aus den gedruckten Ausgaben des 15. Jahrhunderts gut bezeugen, vgl. dazu Novokhatko (2009) 27–110; 111–118.

nicht vor Feindschaft zurück, andererseits aber lasse er sich auch nicht durch Begünstigung von der Wahrheit abbringen. Beide Begriffe bezeichnen an dieser Stelle im Kern die zentralen Verfehlungen eines Politikers, die durch die Wendungen *rem publicam caram* (Liebe zum Staat), *terrore* (Einschüchterung), *amicitia* (Freundschaft) und *virtus animi* (hohe Gesinnung) an Präzision gewinnen.

Die Semantik beider Begriffe scheint meines Erachtens auch Cano erkannt zu haben, verwendet er sie doch selber, wenn er Sallust zuspricht, dieser sei bei aller Objektivität (*veredicus*) nicht immer frei von den Fehlern (*vitiis*) der Feindschaft (*simultatis*) und der Parteilichkeit (*gratiae*) gewesen. Somit wird Sallusts eigener Vorwurf gegenüber Cicero, er habe stets die Feindschaft der Nobilität geachtet und sei durch Gunst von der Wahrheit abgekommen, in Canos Darstellung auf Sallust selbst gespiegelt, wie der Theologe durch den indirekten Verweis auf Sallusts Darstellung des Cicero im *Catilina* und der *Invektive* folgert.

Ein markanter, diese These stützender weiterer Beweis ist auf stilistischer Ebene zu finden. Betrachtet man synoptisch Canos gesamte Schrift, wird deutlich, dass er an nur einer weiteren Stelle seines Werkes die Begrifflichkeit *simultas* überhaupt verwendet hat – im II. Buch, Kapitel X, in der Form *simultates* –, allein in der vorliegenden Passage jedoch wird die Kombination *simultas* und *gratia* angeführt. Auffällig ist dabei, dass *simultas* und *gratia* auch bei Sallust in unmittelbarer Nähe als zentrale Begriffe in der Beschreibung Ciceros stehen. Dass dies kein Zufall ist, sondern durchaus zu Canos Eigenart gehört, scheint sich mir aus verschiedenen anderen Passagen seines Werkes zu ergeben, an denen er bei Erwähnung antiker Autoren dazu neigt, Wendungen aus deren Werken zu entlehnen und diese nicht als wörtliche Zitate, sondern durch geschickte Veränderung der Worte in den Kontext jener der eigenen Intention folgenden Abschnitte einzupassen. Das lässt sich am deutlichsten im XI. Buch, Kapitel V, verifizieren, worin Cano die Anfangsverse von Juvenals erster Satire aufgreift, den Wortlaut ändert und die ursprüngliche Intention dem Kontext der *loci* anpasst.[150]

150 Vgl. dazu Hogenmüller (2014) 320–330.

### VII.2.2 Tacitus

Eine ganz ähnliche Praktik lässt sich auch hinsichtlich der Werke des Cornelius Tacitus ausmachen. In den *loci* sind bekanntlich lediglich drei Namensnennungen des Historikers zu finden, doch an nur einer Stelle - interessanterweise nicht im XI., sondern im XII. Buch - kann eine Passage aus der *Germania* identifiziert werden, die Cano ohne Verweis auf ihren Ursprung zitiert hat.

Die von Cano angeführte Stelle der *Germania* befindet sich im dreizehnten Kapitel des XII. Buches, in dem er über die Anwendung der theologischen Orte in der scholastischen Disputation verhandelt. In diesem Kontext gibt jenes Kapitel ein erstes Beispiel für die praktische Anwendung der *loci* in der Disputation (*Exemplum primum, ubi principium Theologiae in quaestionem vertitur*), „in der es um ein theologisches Prinzip geht (*de eucharistiae sacrificio*) (...).“[151]

Im Verlauf dieses Kapitels geht Cano dezidiert auf die Sichtweisen der Lutheraner ein und grenzt die eigene Position dabei scharf ab: Nach Art der Türken (*Turcarum more*) wollten die Lutheraner, so sein Vorwurf, das Priestertum gestalten (*sacerdotium nostrum Lutherani informare cupiunt*), bei denen sich die Priester selbst kaum vom gemeinen Volk unterschieden (*a communi populo non multum sacerdotes differunt*). Das stünde, wie er weiter zu verstehen gibt, im Gegensatz zu einer germanischen Tradition, auf die er sich folgendermaßen bezieht:

> *Quanto religiosius antiqui olim Germani statuerunt, ut verberandi animadvertendique in hominem, nisi sacerdotum auctoritate, nullis esset concessa facultas, quod iudicia non humana, sed divina viderentur.*
>
> Um wie viel frommer haben einst die alten Germanen festgelegt, dass niemandem die Möglichkeit gegeben war, einen Menschen zu strafen und zu züchtigen, wenn nicht durch die Autorität der Priester, da ihre Urteile nicht menschlich, sondern göttlich schienen.

Für Cano steht fest, dass gerade die Sitte der alten Germanen, die Autorität der Priester (*sacerdotum auctoritate*) hochzuschätzen und ihre Urteile als nicht menschlich (*non humana*), sondern göttlich (*divina*) anzusehen, dem Priesterstand einen besonderen Status verleiht und

151 Vgl. Körner (1994) 277.

somit einer größeren Frömmigkeit entspricht als die Praxis der Lutheraner.

Die angeführte Passage wiederum geht eindeutig auf Canos fundierte Kenntnis der antiken Historiker zurück[152], bezieht er sich doch auf eine Stelle in Tacitus' *Germania*. Im siebten Kapitel (7,2) ist dort interessanterweise ein fast identischer Wortlaut zu finden:

> *Ceterum neque animadvertere neque vincire, ne verberare quidem, nisi sacerdotibus permissum, non quasi in poenam nec ducis iussu, sed velut deo imperante, quem adesse bellantibus credunt.*
>
> Übrigens hat weder zum Strafen, noch zum Binden, nicht einmal zum Züchtigen irgendjemand die Befugnis außer den Priestern, und auch diese nicht wie zur Strafe oder auf Geheiß des Anführers, sondern gewissermaßen auf Befehl des Gottes, von dem sie glauben, dass er den Kämpfenden zur Seite steht.

Aus dem Vergleich der beiden Stellen zeigt sich eindeutig, dass Tacitus' Ausführungen Vorbild und Quelle bei der Konzeption der Passage in den *loci* gewesen sein müssen. Cano hat nicht nur die Intention der Tacitusstelle übernommen, sondern auch den stilistischen und syntaktischen Aufbau des römischen Historikers weitestgehend nachgeahmt. Verändert wurde lediglich die bei Tacitus stehende Verbalform *permissum*, woraus bei Cano das Substantiv *auctoritas* geworden ist, wie auch die konkreten Begriffe *ducis iussu* und *deo imperante*, die in der Version des Spaniers zu den eher abstrahierten Wendungen *iudicia non humana, sed divina* verändert worden sind. Tacitus' Verweis auf einen germanischen Gott, der den Kämpfenden beisteht (*quem adesse bellantibus*), ist von Cano weggelassen worden.

Aus der zu Beginn dieser Studie angesprochenen Tradition der taciteischen Werke geht klar hervor, dass er Tacitus' *Germania* gekannt und verwendet haben kann. Ob Cano ein Exemplar der *Germania* bei der Niederschrift des XII. Buches zur Hand hatte, oder aber auf dem Konzil von Trient damit in Kontakt gekommen war, wie dies wohl für

---

152 Dies hat auch der spanische Übersetzer des XI. Buches der *loci*, der klassische Philologe Salvador Villegas Guillén, in der Ausgabe von Juan Belda Plans [(2006)] gesehen und in einer Anmerkung aufgenommen [819 Anm. 403].

die Schriften der Reformatoren zu gelten hat[153], Exzerpte daraus gemacht und diese bei der Abfassung des Buches hatte einfließen lassen, wird unbeantwortet bleiben müssen.

## VII.3 Ergebnis

Wie eingangs behauptet, finden sich tatsächlich an verschiedenen Stellen innerhalb des XI. und XII. Buches der *loci* Verweise auf die Werke der römischen Historiker Sallust und Tacitus. Bemerkenswert ist dabei das Vorgehen, das Melchior Cano bei der Rezeption seiner Quellen an den Tag legt: Exzerpte aus den Schriften der beiden bedeutenden Historiker anzufertigen, Wendungen zu übernehmen, sofern sie der eigenen Intention angemessen sind, und in das eigene Werk einzufügen, ohne dabei den Duktus des Originals merklich zu verändern. Diese Praxis beweist einmal mehr Canos herausragende Kenntnis der antiken Quellen[154], die es dem Theologen erlaubte, pagane Literatur nicht nur zu rezipieren, sondern gerade auch Aussagen antiker Schriftsteller der eigenen Intention unterzuordnen.

Sein scharfsinniges Spiel mit der lateinischen Sprache[155] und der Literatur der römischen Antike scheinen dabei einmal mehr jenes für den spanischen Dominikaner eigentümliche methodische Merkmal zu sein, das seinen Rang unter den bedeutendsten Theologen des 16. Jahrhunderts bestätigen dürfte.

153 Im Besitz des kaiserlichen Gesandten Diego de Mendoza waren eine große Anzahl von reformatorischen Schriften, die dieser den Konzilsteilnehmern zur Verfügung stellte, vgl. CT V, 589 Anm. 1; vgl. auch Bellinger (1970) 269–270; Stakemaier (1937) 59–60; Ehses (1925) 570.

154 Vgl. dazu Belda Plans (2006) XCIV–CXXXVI.

155 Vgl. Caballero (1871) 44; Menéndez y Pelayo (1940)117; Belda Plans (2006) CXIII–CXIV.

# VIII Kapitel Die Rezeption der Griechischen Literatur – Platon und Marsilio Ficino in den *Loci theologici*[156]

Neben der lateinischen Literatur der Hoch- und Spätphase der Römischen Republik, die Cano umfassend eingesehen und zielgenau in den *loci* verwendet hat[157], ist ihm wie selbstverständlich auch eine umfangreiche Kenntnis der philosophischen Schriften der griechischen Antike nachzuweisen. Sowohl Aristoteles als auch insbesondere Platon, dessen Einfluss auf die Konzeption der *loci* in diesem Kapitel in den Fokus treten soll, kannte Cano aus eigener Anschauung und Jahre andauernder Beschäftigung, so dass die Verwendung auch deren Schriften den Dominikaner vor kein Problem stellte. Dabei allerdings griff Cano, wie ich zeigen werde, nachweislich eher auf lateinische Übersetzungen und Kommentare zurück, als den originären griechischen Text einzusehen.

Dass sich Cano in der Tradition der mittelalterlichen Entwicklung der Theologie und einer zur Zeit des Humanismus erneut auftretenden Diskussion zwischen Platonismus und Aristotelismus befunden hat[158], zeigt ein erster Blick in das X. Buch der *loci*. Demnach muss sich, wer die Autorität der Philosophie und deren Bedeutung für die Theologie zum Thema nimmt[159], selbst der Frage stellen, welchem der beiden Philosophen der Vorzug zu geben ist. Dass es sowohl für Platon

156 Das vorliegende Kapitel ist die überarbeitete Version des Vortrags, den ich unter dem Titel ‚Die Stellung Platons in den *loci theologici*' am 12. Februar 2008 im Rahmen der Konferenz „Das Barock und die Theologie – der Beitrag Melchior Canos zur Standortbestimmung der Kirche im 21. Jahrhundert" an der Universität Würzburg gehalten habe.

157 Vgl. dazu auch Hogenmüller (2011) 413–416.

158 Vgl. zur Auseinandersetzung zwischen Platonismus und Aristotelismus in Canos Zeit Lang (1925) 169–171; Muños Delgado (1980) 70.

159 Diesen Gedanken formulierte Cano zuvor bereits ähnlich in seinem ersten Kommentar zur *Summa theologiae* des Thomas von Aquin, den er in seiner Vorlesung in Salamanca 1548/1549 formuliert hat. In I,1,18 Nr. 48 äußert sich der Spanier,

als auch für Aristoteles einen anerkannten Theologen als Fürsprecher gibt, ist Cano bekannt: Während Augustinus Platon verwendet hat, bevorzugte Thomas von Aquin Aristoteles. In dieser Tradition will sich auch Cano sehen, doch ist sein Urteil zurückhaltender, so dass Platon ebenso wie Aristoteles als Quelle wahrer, auch in der Theologie approbierter philosophischer Erkenntnisse dienen kann.[160]

## VIII.1 Die Definition eines *locus (theologicus)* – Plat. Men. 86e–89c (LT I,3)

Im dritten Kapitel des I. Buches, das die Anzahl und die Rangfolge der theologischen Orte behandeln soll, schreibt Cano folgende Worte:

> *Quod a Platone prius et Aristotele traditum praecipit Cicero, omnem institutionem, quae de re quacumque suscipitur, debere a definitione proficisci, ut intelligatur quid sit id de quo disseritur; hoc mihi in disputatione, quae de locis theologicis futura est, non erat certe negligendum, ut, quid esset locus theologicus, ante omnia explicaretur, nisi ex iis, quae diximus, ita esset in promptu, ut res explicatione non egeret.*
>
> Was Platon und Aristoteles zuvor überliefert haben, lehrt Cicero: Jede Unterweisung, die man über einen beliebigen Gegenstand beginnt, müsse von einer Definition ausgehen, damit man erkenne, was Gegenstand der Abhandlung sei. Diese Anweisung habe ich in meiner anstehenden Disputation *Über die Orte der Theologie* sicher nicht vernachlässigen dürfen, um vor allen anderen Dingen zu erklären, was ein Ort der Theologie sei, wenn dies nicht bereits aus meinen Ausführungen so deutlich hervorgegangen ist, dass dieser Gegenstand keiner weiteren Erläuterung bedarf.

Cano stützt sich bei der Definition des *locus theologicus* auf die aus der Antike tradierte Vorgabe. Nach Cicero de off. 1,7 müsse jede Unterweisung (*omnem institutionem*), die man über einen beliebigen Gegen-

---

dass es nicht nur unangebracht sei, *rationes naturales* einfach zurückzuweisen, sondern auch, die Bedeutung insbesondere des Aristoteles herabzusetzen: *locus ab auctoritate Philosophi non est contemnendus.* Vgl. zu Canos beiden Kommentaren Körner (1994) 82–86.

160 LT X,5: *Probanda vero magis est D. Thomae opinio, sed ita tamen ut adhibeatur moderatio quaedam, sine qua probari illa non potest. Placet enim quoque nobis Aristoteles, et recte placet, modo ne repugnantem etiam illum ad Christi velimus semper dogma convertere.*

stand vornimmt, von einer Definition ausgehen (*a definitione proficisci*), damit der Gegenstand der Abhandlung deutlich wird.[161]

Diese Prämisse stammte ursprünglich nicht von Cicero, der sie in ganz ähnlicher Weise auch in seinen *Topica* anführt[162], sondern war bereits von Aristoteles ausgegeben worden, der sich seinerseits auf Platon stützte (*a Platone prius et Aristotele traditum*). Für Cano soll sie einen nicht zu unterschätzenden Leitfaden darstellen (*non erat certe negligendum*), um vor allen anderen Dingen zu erklären, was ein *Locus theologicus* sei, sofern dies, so sagt er selbst, nicht bereits aus den vorausgehenden Ausführungen so deutlich hervorgegangen ist, dass keine weitere Erläuterung benötigt wird.

Obwohl Cano ohne explizite Stellenangabe auf den Ursprung dieser Forderung verweist[163] – Cicero habe sie übernommen[164], ihn zitiert Cano fast wörtlich, doch von Aristoteles, der sie wiederum Platons Lehre zu verdanken habe, sei sie in Worte gefasst worden –, ist davon auszugehen, dass er implizit auf eine Stelle in Aristoteles' *Topik* anspielt, in der er sich folgendermaßen über die ‚Definition der Definition'[165] äußert[166]:

161 Vgl. dazu Körner (2014) 93–112.

162 Vgl. Cic. Top. 9. 26: *Definitio est oratio, quae id, quod definitur, explicat, quid sit.* Vgl. Dazu Reinhardt (2003) 262 ad loc.

163 Es ist durchaus davon auszugehen, dass Canos Ausführungen nicht immer selbstständig entstanden sind, da insbesondere hinsichtlich der Begrifflichkeit des *locus theologicus* gedankliche Parallelen zu der Schrift des Rudolph Agricola (*De inventione dialectica*) festzustellen sind, was an dieser Stelle aber nicht näher ausgeführt werden soll. Zu dieser Problematik ausführlich Körner (1994) 87–88.141–160.

164 Vgl. Cic. de off. 1,7, worin sich Cicero folgendermaßen äußert: *Placet igitur, quoniam omnis disputatio de officio futura est, ante definire, quid sit officium, quod a Panaetio praetermissum esse miror. Omnis enim, quae ratione suscipitur de aliqua re institutio, debet a definitione proficisci, ut intellegatur, quid sit id, de quo disputetur.*

165 Vgl. dazu Chrysipps Definition der „Definition" (bei Diog. Laert. 7,60): ὡς Χρύσιππος ἐν τῷ Περὶ ὅρων ἰδίου ἀπόδοσις. Vgl. dazu auch Reinhardt (2003) 262: „Although Aristotle also requires the definition, among other things to be peculiar to its subject, i.e. coextensive with it, coextensivity of a definition with its definiendum is the only criterion explicitly mentioned by Chrysippus. This led the Peripatetics to critizise him (Alex. in Top. 42,27–43,3).

166 Aristot. Top. 1,5,101b37–102a17.

Ἔστι δὲ ὅρος μὲν λόγος ὁ τὸ τί ἦν εἶναι σημαίνων, ἀποδίδοται δὲ ἢ λόγος ἀντ' ὀνόματος ἢ λόγος ἀντὶ λόγου·

Eine Definition ist ein Ausdruck, der das Wesen des betreffenden Gegenstandes angibt. Man macht entweder einen solchen Ausdruck anstelle eines Wortes, oder einen Ausdruck anstelle eines Ausdrucks geltend.

Die ‚Definition der Definition' nach Aristoteles lautet somit: „Definition ist ein Ausdruck, der das Wesen (τὸ τί ἦν εἶναι) bezeichnet, doch man macht entweder einen Ausdruck statt eines Wortes oder einen Ausdruck statt eines Ausdrucks geltend." Der Gegenstand der Definition ist das τὸ τί ἦν εἶναι[167] eines jeden Gegenstandes, der zum Objekt der Diskussion wird. Die Tatsache, dass Aristoteles selber an keiner Stelle seines Œuvres eine Erklärung dafür gegeben hat, lässt die Folgerung zu, dass ihm der Bezug auf die aus der dialektischen Untersuchungssituation bekannte und von Platon in seinen Schriften erstmals wahrnehmbar und nicht selten verwendete sokratische Frage des τί ἐστί bewusst war. Besonders augenscheinlich geht die enge Verknüpfung mit Platon aus einer Stelle des *Menon* hervor (86e–89c), in der Sokrates und Menon die Lehrbarkeit der Tugend untersuchen. Nach einigen erfolglosen Definitionsversuchen einigen sie sich darauf, nicht zuerst danach zu fragen, was die Tugend ist, sondern ob sie lehrbar ist. (86c–d). Das bedeute jedoch, zuerst zu fragen, wie beschaffen sie sei (ποῖον), ohne zu wissen, was (τί) sie ist (86e1–2). Das richtige Verfahren wäre dem gegenüber, zuerst die Definition der Tugend anzugeben, um hierauf eine von ihr ausgesagte Eigenschaft nachzuweisen (87b: οὕτω δὴ καὶ περὶ ἀρετῆς ἡμεῖς, ἐπειδὴ οὐκ ἴσμεν οὔθ' ὅτι ἐστὶν οὔθ' ὁποῖόν τι, ὑποθέμενοι αὐτὸ σκομῶμεν εἴτε διδακτὸν εἴτε οὐ διδακτόν ἐστιν, ὧδε λέγοντες).

## VIII.2 Gottes Schuldlosigkeit am Bösen – Plat. rep. 379a–380c (LT II,4)

Eine zweite zu betrachtende Stelle findet sich in Canos II. Buch. Dort führt er in der Erwiderung auf das sechste Argument (*Atque hac eadem responsione sextum quoque argumentum refellitur*), Gott täusche

167 Zur Bedeutung des τὸ τί ἦν εἶναι vgl. die Ausführungen von Schramm (2003) 50–56.

nicht dadurch, dass er die Täuschung selbst bewirkt, sondern dadurch, dass er gestattet, dass diese geschehe (*Non enim decipit Deus deceptionem ipsam faciendo, sed permittendo ut fiat*), als Beweis für Gottes Schuldlosigkeit an den menschlichen Verfehlungen folgende Worte an:

> *Nullum autem Dei iustum rectumque de culpis iudicium futurum esset, si homines Dei voluntate, suasu, consilio, praeceptoque peccarent. Plato insuper in secundo de Republica libro, modis omnibus pugnandum esse ait, ne Deus, qui bonus est, dicatur esse malorum causa; alioqui secum Deum pugnaturum, qui suis legibus contraria fieri mandaverit. Ita eos civitate extrudi iubet, qui verba illa nefaria dixerint, (...).*
>
> Kein Urteil Gottes über die Verfehlungen aber würde je gerecht und richtig sein, wenn Menschen sündigten, weil Gott es will, dazu rät, dafür sorgt und es befiehlt. Platon sagt im zweiten Buch der *Politeia* darüber hinaus, mit allen Mitteln hätte man darum zu kämpfen, *dass nicht Gott, der gut ist, als Ursache der Übel bezeichnet wird.* Andernfalls läge Gott durch die Anweisung, dass etwas, das im Widerspruch zu seinen Satzungen geschehen soll, mit sich im Streit. So befiehlt er, die aus der Stadt zu verstoßen, die solch frevelhafte Worte sprachen, (...).

Nach seiner Ansicht würde kein Urteil Gottes über Verfehlungen (*de culpis*) gerecht und richtig sein (*iustum rectumque*), wenn die Menschen aufgrund Gottes Willens (*Dei voluntate*), Ratens (*suasu*), Beschlusses (*consilio*) oder seiner Anordnung (*praeceptoque*) sündigten. Selbst Platon (*Plato insuper*) sagte im zweiten Buch der *Politeia*, man müsse mit allen Mitteln dafür streiten, dass nicht Gott, der gut ist, als Ursache der Übel bezeichnet werde (*ne Deus, qui bonus est, dicatur esse malorum causa*). Andernfalls würde Gott mit sich im Streit liegen, da er das Gegenteil zu tun angewiesen habe (*suis legibus contraria fieri mandaverit*). Daher befiehlt er, dass diejenigen aus der Stadt verstoßen werden (*extrudi iubet*), die solch gottlose Worte gesprochen haben (*verba nefaria*).

Die Stelle der *Politeia*, auf die Cano sich beruft, ist am Ende des zweiten Buches zu finden. In diesem Teil behandelt Platon neben dem Programm der traditionellen Erziehung der Seele durch Musik und des Körpers durch Gymnastik die Problematik der Erziehung durch

Dichtung[168] (376e–398b). Zu beachten ist dabei insbesondere, dass für Kinder Geschichten vorgetragen werden sollen, denen aller schädlicher Inhalt genommen ist (ψευδεῖς μῦθοι). Traditionelle Fabeln und Mythen müssen somit zensiert werden, da Geschichten über die Götter, obwohl sie nicht falsch sind, für Kinder genauso schädlich sein können, wie generell das durch die traditionellen Mythen vermittelte Bild von streitenden und kämpfenden Göttern (376e–378e). Als begründete Norm für die Darstellung von Göttern (379a: τύποι περὶ θεολογίας) hat nach Platon folgendes zu gelten (379a–380c):

> ὀρθῶς, ἔφη: ἀλλ᾽ αὐτὸ δὴ τοῦτο, οἱ τύποι περὶ θεολογίας τίνες ἂν εἶεν; – τοιοίδε πού τινες, ἦν δ᾽ ἐγώ: οἷος τυγχάνει ὁ θεὸς ὤν, ἀεὶ δήπου ἀποδοτέον, ἐάντέ τις αὐτὸν ἐν ἔπεσιν ποιῇ ἐάντε ἐν μέλεσιν ἐάντε ἐν τραγῳδίᾳ. – δεῖ γάρ. – οὐκοῦν ἀγαθὸς ὅ γε θεὸς τῷ ὄντι τε καὶ λεκτέον οὕτω; – τί μήν; – ἀλλὰ μὴν οὐδέν γε τῶν ἀγαθῶν βλαβερόν: ἦ γάρ; – οὔ μοι δοκεῖ. – ἆρ᾽ οὖν ὃ μὴ βλαβερὸν βλάπτει; – οὐδαμῶς. – ὃ δὲ μὴ βλάπτει κακόν τι ποιεῖ; – οὐδὲ τοῦτο. – ὃ δέ γε μηδὲν κακὸν ποιεῖ οὐδ᾽ ἄν τινος εἴη κακοῦ αἴτιον; – πῶς γάρ; – τί δέ; ὠφέλιμον τὸ ἀγαθόν; – ναί. – αἴτιον ἄρα εὐπραγίας; – ναί. – οὐκ ἄρα πάντων γε αἴτιον τὸ ἀγαθόν, ἀλλὰ τῶν μὲν εὖ ἐχόντων αἴτιον, τῶν δὲ κακῶν ἀναίτιον. – παντελῶς γ᾽, ἔφη. – οὐδ᾽ ἄρα, ἦν δ᾽ ἐγώ, ὁ θεός, ἐπειδὴ ἀγαθός, πάντων ἂν εἴη αἴτιος, ὡς οἱ πολλοὶ λέγουσιν, ἀλλὰ ὀλίγων μὲν τοῖς ἀνθρώποις αἴτιος, πολλῶν δὲ ἀναίτιος: πολὺ γὰρ ἐλάττω τἀγαθὰ τῶν κακῶν ἡμῖν, καὶ τῶν μὲν ἀγαθῶν οὐδένα ἄλλον αἰτιατέον, τῶν δὲ κακῶν ἄλλ᾽ ἄττα δεῖ ζητεῖν τὰ αἴτια, ἀλλ᾽ οὐ τὸν θεόν.

> Das ist wahr, erwiderte er; aber eben dieses, das Gepräge, – welches wäre es etwa in betreff der Götterlehre? – Ungefähr folgender Art, antwortete ich. Das, wie die Gottheit ist, muß man doch wohl immer von ihr aussagen, ob sie nun einer in epischen Gedichten darstellt [oder in lyrischen] oder in einer Tragödie? – Freilich. – Nun ist aber wohl die Gottheit gut und muß so bezeichnet werden? – Allerdings. – Ferner ist doch nichts Gutes schädlich: nicht wahr? – Ich glaube, nein. – Und was nicht schädlich ist, schadet auch nicht? – Keineswegs. – Was aber nicht schadet, fügt das Schlechtes zu? – Auch das nicht. – Und was nichts Schlechtes zufügt, wäre denn auch nicht Ursache von etwas Schlechtem? – Wie sollte es nicht? – Weiter: Ist das Gute nützlich? – Ja. – Es ist also Ursache von Glück? – Ja. – Also nicht von allem ist das Gute Ursache, sondern nur von

168 rep. 378e: ἔχει γάρ, ἔφη, λόγον. ἀλλ᾽ εἴ τις αὖ καὶ ταῦτα ἐρωτῴη ἡμᾶς, ταῦτα ἅττα τ᾽ ἐστὶν καὶ τίνες οἱ μῦθοι, τίνας ἂν φαῖμεν; καὶ ἐγὼ εἶπον: ὦ Ἀδείμαντε, οὐκ ἐσμὲν ποιηταὶ ἐγώ τε καὶ σὺ ἐν τῷ παρόντι, ἀλλ᾽ οἰκισταὶ πόλεως: οἰκισταῖς δὲ τοὺς μὲν τύπους προσήκει εἰδέναι ἐν οἷς δεῖ μυθολογεῖν τοὺς ποιητάς, παρ᾽ οὓς ἐὰν ποιῶσιν οὐκ ἐπιτρεπτέον, οὐ μὴν αὐτοῖς γε ποιητέον μύθους.

dem Glücklichen, nicht aber von dem Schlechten? – Allerdings, erwiderte er. – So wäre denn auch, bemerkte ich, die Gottheit, als gut, nicht von allem bei den Menschen Ursache, wie die Menge behauptet, sondern nur von wenigem, an dem meisten aber unschuldig; denn des Guten wird uns viel weniger als des Schlechten. Und das Gute darf man auf niemand anderen zurückführen; von dem Schlechten aber muß man irgendwelche andere Ursachen aufsuchen, nicht aber die Gottheit.
(Übersetzung Wilhelm Siegmund Teuffel)

Gott muss daher als gut und Ursache von Gutem dargestellt werden[169], sei es im Epos oder in der Tragödie, denn Gott bzw. das Göttliche ist unwandelbar, wahr und untrügerisch, weil es gut ist, und muss dementsprechend dargestellt werden[170]. Für Cano gilt Platons Stelle in der *Politeia* gewissermaßen als ein der Philosophie[171] entnommenes *argumentum certum* für die Schuldlosigkeit des Göttlichen am Bösen bzw. den Übeln. Durch die Zusammenfassung und Personifizierung des Göttlichen allgemein mit dem Begriff des ὁ θεός enthalten sie den zuverlässigen Beweis für Canos Argument.

Die prinzipielle Fähigkeit der paganen Philosophen nämlich, durchaus wahre Aussagen, hier konkret über Gott, treffen zu können, führt Cano im X. Buch seines Werkes näher aus. Dort verweist er auf entsprechende Zeugnisse der Kirchenväter und schließt sich ihrer Ansicht an, dass die großen Philosophen, zu denen Platon gerechnet werden muss, ihre Lehren ursprünglich aus dem Alten Testament erhalten haben. So sei beispielsweise Pythagoras jüdischer Abstammung gewesen, beschnitten worden und Schüler eines Juden gewesen.[172] Platon und Aristoteles wiederum hätten ihre Lehren aus dem Alten Testament vermittelt bekommen. Daher werde das, was die Philosophen richtig und weise gesagt haben, den Ausführungen der Theologie nicht

169 Vgl. Plat. rep. 378e–380c.

170 Vgl. Plat. rep. 380d–383c.

171 D. h. aus der *auctoritas philosophorum, qui naturam ducem sequuntur*, da sie die *ratio naturalis, quae per omnes scientias naturali lumine inventas latissime patet*, besitzt.

172 Das hatte Cano bereits im III. Buch festgehalten (LT III,3 *Quartum Fundamentum*): *Morem porro hunc tradendi quaedam discipulis non scripto, sed verbo, olim quoque scimus a philosophis observatum. Pythagoram certe hunc in modum discipulos instituisse, posteriorum omnium scripta testantur; qui et ipse, ut 1 Strom. Clemens Alexandr. refert, circumcisus fuit, ut adyta ingrediens, Aegyptiorum mysticam disceret philosophiam.*

von ‚außen' hinzugefügt, sondern nur die eigene Lehre wiederholt.[173] Allein vor diesem Hintergrund ist es Cano möglich, Platons Ausführungen im zweiten Buch der *Politeia* als zutreffendes Argument ohne Vorbehalt anzuführen.

Obwohl die zitierte Passage der platonischen *Politeia* mit Canos eigenen Ausführungen intentional übereinstimmt, sind Unterschiede besonders in der sprachlichen Gestaltung der Vorlage vorzufinden. Canos Umsetzung entspricht vordergründig sicherlich eher einer den Bedürfnissen seines Werkes angepassten Interpretation der *Politeia* als einer wörtlichen Adaption und Version der Passage ins Lateinische. Ein Phänomen, das – nicht nur im Hinblick auf dieser Stelle – zwei durchaus interessante Fragen im Rahmen der Texttradition und Textgeschichte des platonischen Werkes aufwirft: Inwiefern hat sich Cano mit Platons Werken als solchen überhaupt auseinandergesetzt? Oder aber musste er bedingt durch überlieferungsgeschichtliche Hintergründe auf aus der Antike tradiertes Wissen aus zweiter Hand zurückgreifen?

173 LT X,5: *Nullius vero negotii erit, objectiones contra a principio positas repellere. Primum enim facile intelligitur, non eos, qui missi sunt, sed illos; qui venerunt, vel pseudoprophetas, vel pseudophilosophos a Domino reprobari. Non mittebam, inquit, et ipsi currebant. Veros autem philosophos divinitus fuisse procuratos, satis supra, ni fallor, argumentati sumus. Deinde Graeciae philosophos alia ratione fures esse dictos contendit Clemens, quod ultra quam a Moyse et Prophetis sapientiam subripuerint, gloriolae aucupandae gratia quasi suam jactare sunt soliti. Pythagoras quidem discipulus fuit Judaei cujusdam Nazareti, ut Alexander in libro de symbolis Pythagoricis scribit. Quin divus Ambrosius Pythagoram genere fuisse Hebraeum non obscure tradidit. Certe fuisse cicumcisum Clemens Alexandrinus auctor est.*
*Clearchus autem Peripateticus in primo libro de Somno dicit se nosse Judaeum quemdam gravissimum non solum eloquio, sed etiam animo, cum quo versatus est Aristoteles. Nam Platonem non solum a Pythagora, sed a nostris etiam doctrinam accepisse, et Augustinus et Clemens testati sunt, et Ambrosius multis argumentis suadet. Id quod Plato ipse in Timaeo ingenue fatetur. Cum itaque ea, quae a philosophis recte et sapienter dicta sunt, nostris nos disputationibus inseruerimus, repetemus nostra tunc, non aliena mutuabimur. Ac de primo quidem argumento hactenus. Nam caetera sunt hujusmodi, ut negotium lectori facturi simus, si ea modo refutemus.* Vgl. dazu auch Körner (1994) 277–264.

## VIII.3 Exkurs: Die Überlieferung der platonischen Werke in der Renaissance

Aufgrund der genauen Argumentation dürfte wohl als sicher angenommen werden, dass Cano Platons Œuvre vorgelegen hat[174], fraglich jedoch bleibt, ob als griechische Abschrift oder lateinische Übersetzung. Auf eine solche konnte Cano mit einiger Sicherheit zurückgreifen, nachdem bereits im 15. Jahrhundert eine rege Übersetzertätigkeit begonnen hatte[175]. Marsilio Ficino[176] jedoch war es, der erstmals nach den Einzelübersetzungen von Manuel Chrysoloras (Übersetzung der *Politeia*), Leonardo Bruni und Palla Stozzi die ersten vollständigen Übersetzungen von Platons Werk ins Lateinische besorgte. Diese lässt nur ein paar apokryphe Schriften aus, wurde 1463 begonnen und um 1468 vollendet. Es ist davon auszugehen, dass Ficino mindestens zwei Platonhandschriften – eine war ein Geschenk des Cosimo de Medici, die andere des Amerigo Benci – besaß und weitere Manuskripte her-

174 Obwohl anders als bei Aristoteles die Tradition der Schriften Platons nicht über den Westen d. h. über Spanien erfolgte, war dennoch ein Teil des Platonischen Werkes den in Spanien bis ins 13. Jahrhundert herrschenden Mauren bekannt [so *Politeia, Nomoi, Timaios, Sophistes*, vgl. dazu Steinschneider (1960) 403; Walzer ([2]1962) 238; Badawi (1968) 35–37].

175 Auf Hebräisch erhalten ist ein Kommentar zur *Politeia* von Averroes [Rosenthal (1956)], übersetzt ins Lateinische von Jaconus Mantinus (Venedig 1539 und 1552) und zuvor von Elia del Medigo für Pico (Siena, Biblioteca Comunale, Hs. G. 7,32, f. 158–188). In Übersetzung lag die *Politeia* gleich dreimal vor [ca. 1350–1415 Manuel Chrysoloras mit Schüler Umberto Decembrio; Pier Candido Decembrio, vgl. Hankins (1990) 117–153]; Antonio Cassarino, vgl. Hankins (1990) I 154–160].

176 Marsilio Ficino wurde 1433 in Figline im Arnotal geboren. In den Jahren zwischen 1449 und 1451 studierte er Philosophie und Medizin an den Universitäten von Pisa und Florenz. Sein besonderes Interesse galt der platonischen Tradition, die er mit 23 Jahren in einem Lehrbuch *Institutiones in Platonicam disciplinam* (1456) darzustellen versuchte, was jedoch aufgrund mangelnder Griechischkenntnisse weniger erfolgreich war. Um das Jahr 1468 war die von Cosimo de Medici beauftragte Übersetzung sämtlicher Dialoge Platons aus dem Griechischen ins Lateinische abgeschlossen, die *Editio princeps* erschien 1482. Neben weiteren Schriften in den darauffolgenden Jahren verfasste Ficino verschiedene Kommentare zu Platons Dialogen (1496). Sein Tod fällt in das Jahr 1499. Vgl. dazu auch Hankins (1990) I 267–366).

anzog[177]. Als Druck erschien Ficinos Platonübersetzung zuerst in Florenz[178], das Veröffentlichungsdatum ist jedoch nicht völlig gesichert, obwohl manches für das Jahr 1484 spricht[179]. Erneut wurde die Übersetzung 1491 in Venedig gedruckt, worauf 1517 eine weitere Ausgabe folgte, der sich andere anschlossen. Neben der lateinischen Übersetzung des platonischen Œuvre verfasste Ficino sowohl umfangreiche Kommentare zu den platonischen Werken als auch kürzere Darstellungen, die er bisweilen als ‚argumentum', ‚epitoma' oder auch ‚commentarium' bezeichnete[180]. Die *Editio princeps* dieser Schriften ist in das Jahr 1496 zu datieren.

Dass Cano die im Jahr 1468 vollendete Übersetzung der platonischen Schriften als auch entsprechende Kommentare bei seiner Beschäftigung mit der angesprochenen Stelle der *Politeia* verwendet haben könnte, ist aus chronologischen Aspekten denkbar[181]. Noch deutlicher lässt sich dies nach einem kurzen Blick auf Ficinos Epitome *In*

177 Vgl. dazu Sicherl (1962) 53; die Liste ist mit Blank [(1993) bes. 9] zu ändern; Lafrance (1994) 190; Vancamp (1996) 50.

178 Vgl. dazu Kristeller (1978) 29–30.

179 Vgl. ibid. 28–35.

180 In diesen Kommentaren tritt der getreue Platonübersetzer Ficino als ein Platon-Interpret auf, der sich offenbar von dem zu seiner Zeit gängigen, eher von Aristoteles geprägten Bild griechischer Philosophie abheben möchte, vgl. dazu Hankins (1986) 287–304; Neschke-Hentschke (1999) 223–243, bes. 224–225; Erler (2010) 247–265. Zu Ficinos Platon-Kommentar auch Leinkauf (2006) 79–114.

181 In der aus dem Jahr 1468 vollendeten Übersetzung der Platonischen Schriften findet sich die Stelle folgendermaßen übersetzt: *Recte loqueris. Sed hoc mihi declara, quales istae circa theologiam figurae. Tales quaedam, qualis ipse deus est, talis semper est describendus, sive carminibus describatur, sive cantibus, sive etiam tragoedia. Ita decet. Nonne bonus et ipse deus est, et ita dicendum? Proculdubio. Atqui nullum bonum noxium est? Nullum, ut arbitror. Quod innoxium est, nunquid nocet? Nequaquam. Quod non nocet, nunquid malum facit? Neque istud quidem. Quod autem nihil mali facit, nullius mali est causa. Nullius. Item nonne conducibile bonum est? Prorsus. Ergo bene feliciterque agendi causa est. Est. Non igitur omnium causa bonum est, sed eorum quae bene se habent causa: eorum vero quae male, nequaquam. Sic est omnino. Non igitur deus, cum bonus sit, omnium causa est, ut multi dicunt, sed paucorum quidem hominibus in causa est, multorum vero extra causam. Multo enim pauciora nobis sunt bona quam mala. Et bonorum quidem solus deus causa est dicendus. Malorum autem quamlibet aliam praeter deum causam quaerere decet.*

*secundum dialogum, de iusto* festmachen, worin sich folgender Kommentar zur angesprochenen Passage der *Politeia* findet (1399[182]):

> *Subiungit geminas theologiae figuras. Primam, Deum omnino bonum esse, bonorumque dumtaxat causam. Mali vero nullius causam esse Deum. Item si quem Deus punit, punire gratia boni.*
>
> Er verbindet die zwei Prämissen der Theologie. Einerseits, dass Gott vollkommen gut und folglich die Ursache alles Guten ist, und dass Gott die Ursache von keinem Übel ist. Ebenso, dass, wenn Gott straft, er um des Guten willens straft.

Gerade aus der hier angeführten lateinischen Kommentierung zur Version der *Politeia* gehen zwei Dinge deutlich hervor: Erstens stimmen auf inhaltlicher Ebene – Gott ist ganz und gar gut (*Deum omnino bonum esse*) und muss sicher als Ursache des Guten angesehen werden (*bonorumque dumtaxat causam*), niemals jedoch als Ursache von etwas Bösem (*Mali vero nullius causam esse Deum*) – die Aussagen Canos mit denen der *Politeia* und insbesondere mit dem lateinischen Kommentar Ficinos zu dieser Stelle überein. Zweitens liegt auf sprachlicher Ebene durch das Auftreten fast gleichlautender Worte in Canos Auseinandersetzung mit der *Politeia* und Ficinos Kommentar zu besagter Stelle die Vermutung nahe, dass Cano mit einiger Wahrscheinlichkeit Ficinos Anmerkungen gekannt und bewusst genutzt hat. Die Frage, ob Cano auch an anderen Stellen dessen Übersetzung und Kommentierung verwendet hat, soll im weiteren Verlauf dieser Untersuchung erneut aufgegriffen werden.

## VIII.4 Die Existenz mündlicher Tradition – Platon ep. 314a1 (LT III,3)

Eine weitere Stelle, in der sich Cano eindeutig auf Platons Aussagen beruft, findet sich im III. Buch der *loci*, in dem Cano die Autorität der apostolischen Traditionen behandelt[183]. Dieses beginnt im ersten Kapitel mit der Aufzählung der Argumente, die dagegen angeführt werden, die *traditiones Apostolici* als eigenen *locus theologicus* anzufüh-

182 Die angeführten Seitenzahlen beziehen sich auf die 1962 in Turin herausgegebene Ausgabe des zweiten Bandes der erstmals 1482 erschienen *Opera omnia* des Marsilio Ficino [Marsilio Ficino: Opera omnia II (Turin 1962)].

183 LT III,1: *De traditionibus Apostolicis, quae secundo loco positae sunt. Liber tertius.*

ren[184]. Im zweiten Kapitel wiederum führt Cano unvermittelt seine eigenen Gegenargumente dafür an[185], woran sich im dritten Kapitel die Darstellung der Grundlagen für die Annahme der Existenz von Traditionen anschließt[186]. Die Konstituierung der *traditiones* erfolgt hierbei in vier Schritten, den sogenannten *fundamenta*. Von besonderem Interesse für die vorliegende Untersuchung ist dabei das letzte *fundamentum*, in dem bewiesen wird, dass die Apostel aus wichtigen Gründen einige Dinge schriftlich, andere aber mündlich verkündet haben[187]. Die Ursachen dafür müssten Canos Worten nach gründlich hergeleitet werden[188]. Dass manche Dinge nur mündlich überliefert werden, sei eine auch unter den Philosophen durchaus gängige Praxis, wie diverse Beispiele zeigen können[189]. Die Gründe, die sich nachhaltig an einer Stelle aus Cäsars *De bello Gallico* zeigen, haben sicher auch

---

184 LT III,1: *Caput primum. Ubi eorum argumenta referuntur, qui Apostolicas traditiones impugnarunt.*

185 Canos Vorgehensweise ist rigoros: Mit den Lutheranern zu disputieren sei in diesem Punkt überhaupt überflüssig (LT III,2: *Supervacaneam videri cum Lutheranis non de hoc solum loco, sed de quibusque aliis disputationem. Caput secundum*).

186 LT III,3: *Caput tertium. In quo quattuor fundamenta ponuntur ad traditiones Christi et Apostolorum constituendas.*

187 LT III,3: *Quartum Fundamnetum: Apostolos maximis de causis alia quidem litteris, alia autem viva voce prodidisse.*

188 LT III,3: *Quartum Fundamentum: Sed quae illae cause sint, repetendum altius videtur.*

189 LT III,3: *Quartum Fundamentum: Morem porro hunc tradendi quaedam discipulis non scripto, sed verbo, olim quoque scimus a philosophis observatum. Pythagoram certe hunc in modum discipulos instituisse, posteriorum omnium scripta testantur; qui et ipse, ut 1 Strom. Clemens Alexan. refert, circumcisus fuit, ut adyta ingrediens, Aegyptiorum mysticam disceret philosophiam. Galenus, lib. 2 de anatom. admin., veteres physicos ait artes a majoribus quasi per manus traditas conservasse. Cicero, libr. 1 de legi., serendos in republica mores existimat, nec scriptis omnia sancienda; et eodem rursus libro, sacra putat melius in republica conservari, si a patribus accepta deinceps familiis prodantur. Caesar, de bello Gallico lib. 6, Druidas scribit disciplinae praecepta nefas existimasse, ut litteris mandarentur. Scribunt item, non modo celebres Hebraeorum doctores, sed ex nostris Hilarius et Origenes, Moysen non legem solum, sed secretiorem legis enarrationem in monte divinitus accepisse; praeceptum autem ei a Deo, ut legem quidem populo scriberet, legis autem occulta mysteria ipse ministro suo Josue, hic deinceps succedentibus sacerdotum primoribus magna silentii religione revelaret. Anatolius quoque, apud Eusebium, lib. 7 eccl. hist. cap. 28, septuaginta interpretes refert Ptolemaeo regi percontanti multa ex Moysis traditionibus respondisse. Atque illud etiam auctor 4 libri Esdrae, c. 14, non obscure testatur. Enarravi, inquit, Moysi, mirabilia multa, et praecepi ei dicens: Haec in pal-*

Pythagoras und Platon dazu angehalten, wie Cano anmerkt, sich dieser speziellen mündlichen Methode zu bedienen:

> Quibus vero rebus adducti idipsum fecerunt, breviter explicandum est. Caesar, de Bell. Galli., lib 6, duabus de causis Druidas instituisse dicit, ne disciplinae praecepta litteris proderentur: quod neque in vulgus disciplinam efferi velint, neque eos, qui discunt, litteris confisos, minus memoriae studere; quod fere plerisque accidit, ut litterarum praesidio diligentiam in perdiscendo ac memoriam remittant. Nimirum, ut Ioanni Pico in Apologia placet, prior illa causa Pythagorae ac Platoni praecipua fuit, ut mysteria quadam occulta verborum traditione discipulis commendarent.
>
> *Aus welchen Gründen allerdings sie dazu angehalten worden sind, soll kurz dargestellt werden. Caesar berichtet im sechsten Buch* De bello Gallico, *dass die Druiden es aus zwei verschiedenen Gründen so hielten, die Anordnungen ihrer Lehre nicht schriftlich festzuhalten: Sie wollten ihre Lehre nicht in der Masse verbreitet sehen und zudem verhindern, dass die Zöglinge im Vertrauen auf die Schrift ihr Gedächtnis zu wenig üben. Es kommt ja häufig vor, dass man sich auf Geschriebenes verlässt, nicht mehr so gründlich auswendig lernt und in der Übung des Gedächtnisses nachlässt. Ohne Zweifel, wie Juan Pico de la Mirandola in der* Apologie *belegt, war der Erstgenannte für Pythagoras und Platon der Hauptgrund gewesen, einige Geheimnisse verborgen in der Tradition der Worte den Schülern anzuvertrauen.*

Cäsar berichtet im sechsten Buch von *De bello Gallico* davon, dass die Druiden aus zwei verschiedenen Gründen ihre Lehre nicht schriftlich festhielten (*ne disciplinae praecepta litteris proderentur*): Erstens, da sie ihre Lehre nicht in der Masse verbreitet sehen wollten (*in vulgus disciplinam efferi velint*) und zweitens, um zu verhindern, dass die Nachkommen im Vertrauen auf die Schrift ihr Gedächtnis zu wenig übten (*minus memoriae studere*). Es komme ja häufig vor, dass man, gestützt auf Geschriebenes (*litterarum praesidio*), nicht mehr so gründlich auswendig lerne und in der Übung des Gedächtnisses nachlasse (*diligenti-*

---

*am facies verba, et haec abscondes. Quod idem praeceptum Dominus Esdrae de lege instauranda dedit, inquiens: Quaedam palam facies, quaedam sapientibus absconde trades. Ad hujusmodi vero traditiones Propheta videtur spectasse, cum ait Ps. 43: Deus auribus nostris audivimus, patres nostri annuntiaverunt nobis; et rursum, Ps. 77,3: Quanta mandavit patribus nostris, nota ea facere filiis suis! Ad similes quoque veterum traditiones Moyses ipse revocat, Deut. 32. ubi dicit: Interroga patres tuos, et dicent tibi; majores tuos, et annuntiabunt tibi. Quaedam igitur non scripto, sed verbo tradere, non philosophorum modo, verum Moysis, immo Dei etiam consilium fuit. Hujus ergo optimi consilii rationem Jesus Christus vitae magister habuit, habuerunt Apostoli. Multa enim a Domino illis tradita scribere noluerunt.*

*am in perdiscendo ac memoriam remittant*). Ohne Zweifel, wie Johannes Picus bzw. Juan Pico in der *Apologie* belegt, sei jedoch der Erstgenannte (*prior illa*) für Pythagoras und Platon der Hauptgrund (*causa praecipua*) gewesen, einige Geheimnisse verborgen in der Tradition der Worte den Schülern anzuvertrauen (*mysteria quadam occulta verborum traditione discipulis commendarent*).

Die These der mündlichen Unterweisung in der Platonischen Schulpraxis wird durch das folgende konkrete Beispiel aus Platons Œuvre belegt:

> Plato, scribens Dionysio de quibusdam sacris mysteriis, monet, ut epistolam e vestigio concerpat, ne in manus idigni vulgi perveniat; tantae fuit olim vel ethnicis curae, disciplinarum mysteria et a contemptu et a profano abusu defendere; id vero maxime si ad res sacras mysterium pertineret.
>
> *Platon mahnt, während er Dionysius von einigen heiligen Geheimnissen schreibt, er solle den Brief augenblicklich zerreißen, so dass er nicht in die Hände der unwürdigen Masse gelange. So groß war wohl bei den Heiden damals die Sorge, die Geheimnisse der Lehren gegen Verachtung und profanen Missbrauch zu verteidigen. Doch am meisten, wenn sich das Geheimnis auf heilige Dinge beziehen würde.*

Platon mahnt, während er Dionysios von einigen heiligen Geheimnissen (*de quibusdam sacris mysteriis*) schreibt, dieser solle den Brief augenblicklich zerreißen (*concerpat*), so dass er nicht in die Hände des unwürdigen Volkes (*idigni vulgi*) gelange. Dieses Zitat, so Cano, habe er einem Brief Platons an Dionysios, den Tyrann von Sizilien, entnommen.

Das Zitat ist im zweiten der insgesamt 13 Platon zugeschriebenen Briefen zu finden, deren Großteil mit Sicherheit als unecht entlarvt, einige mit guten Gründen der Älteren Akademie – eine Briefsammlung lag schon im dritten Jahrhundert vor – zugewiesen werden können[190]. In der von Cano angesprochenen Stelle geht Platon auf die Behand-

190 So stellen sich die unechten Briefe IV und V mit den an Dion gerichteten Warnungen und mit der Einflussnahme auf die makedonische Monarchie den verwandten brieflichen Äußerungen Speusipps (Plut. Mor. 29,70A) ebenso an die Seite, wie sie mit der Fiktion einer aktiven Unterstützung von Dions Sizilienzug seitens Platon dem tatsächlichen Verhalten Speusipps entsprechen. Der den Siebenten Brief verarbeitende Zweite deutet eine im Einzelnen schwer zu bestimmende hierarchische Seinsordnung an (312d), die bei Speusipp und Xenokrates Parallelen findet. Allerdings ist auch eine Entstehung in der Ära des sich um die Zeiten-

lung der von Archedamos an Dionysios überbrachten Schriftstücke näher ein (314a1):

> εὐλαβοῦ μέντοι μή ποτε ἐκπέσῃ ταῦτα εἰς ἀνθρώπους ἀπαιδεύτους· σχεδὸν γάρ, ὡς ἐμοὶ δοκεῖ, οὐκ ἔστιν τούτων πρὸς τοὺς πολλοὺς καταγελαστότερα ἀκούσματα, οὐδ αὖ πρὸς τοὺς εὐφυεῖς θαυμαστότερά τε καὶ ἐνθουσιαστικώτερα·

> Hüte dich also davor, dass diese [scil. Schriftstücke] in die Hände ungebildeter Menschen fallen. Denn, wie es mir scheint, gibt es für die breite Masse kaum lächerlichere Belehrungen als diese und gleichzeitig keine bewundernswerteren und begeisternde für Menschen mit guten Anlagen.

Dionysios, so Platons Rat, solle sich stets davor in Acht nehmen (εὐλαβοῦ), diese Schriftstücke (ταῦτα) in die Hände ungebildeter Menschen geraten zu lassen (ἐκπέσῃ ταῦτα εἰς ἀνθρώπους ἀπαιδεύτους). Denn es gäbe kaum etwas (σχεδὸν γάρ ... οὐκ ἔστιν), was der Menge (τοὺς πολλοὺς) lächerlicher (καταγελαστότερα) vorkäme als solche Belehrungen (ἀκούσματα), wie es andererseits für Menschen mit guten Anlagen (τοὺς εὐφυεῖς) nichts gäbe, was größere Bewunderung (θαυμαστότερά) und Begeisterung (ἐνθουσιαστικώτερα) hervorrufen könnte.

Bei näherer Betrachtung der von Cano zitierten bzw. paraphrasiert wiedergegebenen Stelle des zweiten Briefs im Vergleich mit dem im Kontext befindlichen Original Platons ergeben sich einige doch deutliche textimmanente Abweichungen.

Auf der Ebene der Intention der *loci* selbst liefert das angeführte Zitat ein für Canos Argumentation sicherlich passendes Beispiel platonischen Denkens, wobei die Stelle nicht willkürlich herausgegriffen, sondern der kontextuelle Zusammenhang von Cano mitbetrachtet worden ist. Platon spricht in den vorausgehenden Passagen des Originals von derartigen Lehren[191], die *a contemptu et a profano abusu* zu schützen (*defendere*) seien, an dieser Stelle jedoch explizit von ‚Erzäh-

wende erneuernden Platonismus nicht ganz auszuschließen. Die Diskussion um die Echtheit des Siebten Briefes hält bis heute an, doch sind durchschlagende Beweise für die Unechtheit bisher nicht erbracht worden.

191 Canos Begriff der *disciplinarum mysteria* scheint vielleicht etwas zu stark vor dem Hintergrund des Kontexts des Zweiten Briefes. In 312d7–e1 heißt es, der Aufschluss περὶ τῆς τοῦ πρώτου φύσεως erfolge δι᾽ αἰνιγμῶν, um zu verhindern, dass ἄν τι ἡ δέλτος ἢ πόντου ἢ γῆς ἐν πτυχαῖς πάθῃ, ὁ ἀναγνοὺς μὴ γνῷ, von ‚Geheimnissen' jedoch ist nicht die Rede.

lungen' oder ‚Belehrungen' (ἀκούσματα[192]), im Vergleich zu denen (τούτων) es nach seiner Ansicht nichts gibt, was der breiten Masse (τοὺς πολλοὺς) lächerlicher (καταγελαστότερα) vorkommt. So wie es andererseits nichts gebe, das bei Menschen mit guten Anlagen (εὐφυεῖς) größere Bewunderung und Begeisterung (θαυμαστότερά τε καὶ ἐνθουσιαστικώτερα) hervorrufen könnte. Dass die Inhalte dieser ἀκούσματα, wie es Cano wiedergibt, *mysteria* sein können, ist durchaus denkbar, anhand des griechischen Textes allerdings nicht explizit nachzuweisen.

Dennoch mag man diese Vorstellung ohne großen Skrupel als interpretatorische Auslegung zulassen. Mit Blick auf die Konzeption der Stelle des Originals können zwei Aussagen getroffen werden: Erstens Platons Anweisung an Dionysios, Vorsicht (εὐλαβοῦ) gegenüber derartigen Schriftstücken walten zu lassen, und zweitens sein daraus resultierender Ratschlag: Die beste Methode der Vorsorge sei, überhaupt nichts niederzuschreiben und das Verstehen der Lehrinhalte zu erlernen (μεγίστη δὲ φυλακὴ τὸ μὴ γράφειν ἀλλ' ἐκμανθάνειν· οὐ γὰρ ἔστιν τὰ γραφέντα μὴ οὐκ ἐκπεσεῖν).

192 Insbesondere die Pythagoreer wurden ‚Akusmatiker' genannt, da sie sich auf sogenannte ‚Akusmata' beriefen, die mündlich mitgeteilten Lehren des Pythagoras.

Dass Cano in diesem Zusammenhang das Phänomen von Platons ‚Ungeschriebener Lehre'[193] und dessen Schriftkritik[194] vor Augen hatte, aus der er einen anschaulichen Beweis für seine Argumentation entnehmen wollte, ist sehr wahrscheinlich.

Problematisch jedoch erscheint der Schlusssatz in der angeführten Passage der *loci*. Aus der Interpretation von Platons Worten folgert Cano, der Schutz der Geheimnisse käme besonders dann zum Tragen, wenn das Mysterium heilige Sachverhalte beträfe (*id vero maxime si ad res sacras mysterium pertineret*). Dafür jedoch ist kein Anhaltspunkt in Platons Brief zu finden, der eine solche Begründungen rechtfertigen könnte. Die Frage, welche Ursache Cano dazu veranlassen konnte, eine solche Folgerung zuzulassen, scheint nicht nur begründet, sondern stellt sich nach einem weiteren Blick in Marsilio Ficinos lateinischen Kommentar zu Platons Werken sogar als leicht zu beantworten he-

193 Vgl. dazu Erler (2007) 411: „Diskutiert wird, warum Platon die Prinzipienlehre überhaupt ungeschrieben ließ (...), ob er sie wirklich ‚geheim halten wollte', warum sich seine Schüler jedenfalls nicht daran hielten (...) und warum Platon selbst sich in einer öffentlichen Vorlesung an ein größeres Publikum wandte. Vor allem wird in jüngerer Zeit nach dem Verhältnis der ungeschriebenen Lehren zu den Dialogen und ihrer Funktion in einem Kontext gefragt, in dem der Mündlichkeit Vorrang, ja eigentlich philosophische Relevanz zugesprochen wird. Konsens ist in keiner dieser Fragen erreicht. Andererseits gewinnen vor dem Hintergrund der mündlichen Lehre sowohl inhaltliche wie formale Eigentümlichkeiten des schriftlichen Œuvres Platons an Profil. Man verweist auf die besondere Rolle des Einheits- oder Ordnungsgedankens in allen Phasen des Dialogwerks (...) oder auf die offenbar bewusst gestaltete Offenheit der Dialoge, die Vorläufigkeit des Vorgetragenen und die Adressatenbezogenheit der Diskussion (...). Eine wichtige Rolle spielen in diesem Zusammenhang auch kritische Bemerkungen über den Gebrauch der Schrift im Kontext von Wissensvermittlung im <Phaidros> oder im 7. Brief." Zu Platons ‚Ungeschriebener Lehre' vgl. aus den umfangreichen Forschungsbeiträgen u. a. Krämer (1959); Szlezák (1985) und ders. (1993); Ferber (1991); Schefer (2001).

194 Vgl. dazu ebenfalls Erler (2007) 416–417: „Ein wichtiges Argument für die Vertreter einer esoterischen Lehre Platons sind die Urteile über Wert und Unwert der Schrift im <Phaidros> (274a–278e) und im 7. Brief (...), worin der Vorrang des mündlichen Diskurses wegen seines Spielcharakter, die Inflexibilität und Diskursunfähigkeit von Texten, die Akzeptanz einer bloß hypomnematischen Funktion von Texten bei schon Wissenden und die Notwendigkeit einer 'Hilfe' für den Text mit einem inhaltlichen Überschuss als Beleg für einen absoluten Vorrang mündlicher Belehrung bei Platon und für die Existenz einer hinter den Dialogen stehenden, prinzipiell von Texten ausgeschlossenen, nur mündlichen und eigentlichen Lehre Platons gewertet wird."

raus[195]. Im entsprechenden *Argumentum ad epistolam secundam quae est Platonis ad Dionysium Syciliae tyrannum* findet sich folgende Erläuterung (1531–1532):

> *Propterea Pythagoras, quem Plato noster in omnibus veneratur, sacra doctrinarum mysteria ab exactissima expiatione mentis exordiebatur praecipiebatque, Plato similiter praecipit, ne efferantur in vulgus, ne vulgus accepta perverse vel contemnat, vel incidat in errores. Si enim vulgus addideris, Deum nihil ex iis, quae sentiuntur in se habere, vel ridebunt, vel Deum esse negabunt. Hinc illud Lysidis Pythagoraei ad Hipparchum. Haud pium est, mysteria philosophiae cum his communia facere, qui ne somniare quidem purificationem animi potuerunt. Sunt praeterea nonnulla mysteria theologorum circa Deum, quae non vulgum modo, verumetiam elegantes plerosque fatigant.*
>
> Da Pythagoras, den unser Platon besonders verehrt, heilige Lehrgeheimnisse mit der vollkommenen Reinigung des Verstandes begann und lehrte, schreibt Platon in ähnlicher Weise vor, sie nicht in die Hände des Volkes gelangen zu lassen, damit dieses das Empfangene nicht in verkommener Weise verschmäht oder in Irrtümer verfällt. Würde man dem Volk nämlich sagen, dass Gott nichts davon ist, was man in sich zu haben meint, werden sie lachen oder leugnen, dass Gott existiert. Von dort stammt das Wort des Pythagoreers Lysis an Hipparchos. Es ist nicht fromm, die Geheimnisse der Philosophie mit denen gemein zu machen, die nicht einmal von der Reinigung des Herzens träumen konnten. Außerdem gibt es einige Geheimnisse der Theologen bezogen auf Gott, die nicht nur dem Volk, sondern auch den meisten Höhergestellten zusetzen.

Ficino deutet die Aussagen des zweiten Briefes dahingehend, sie auf Vorschriften des Pythagoras hinsichtlich ‚heiliger Lehrgeheimnisse'[196] (*sacra doctrinarum mysteria*) zu beziehen, durch die Pythagoras – wie auch Platon – anordnet (*praecipiebatque*), dass diese *mysteria* nicht in die Hände des Volkes gelangen dürfen (*ne efferantur in vulgus*). Dadurch solle verhindert werden, dass dieses aus Unkenntnis (*perverse*

---

195 In Marsilio Ficinos lateinischen Übersetzung des Zweiten Briefes findet sich folgender Wortlaut der Passage: *Cave tamen ne excidant haec unquam in aures hominum disciplinae eruditionisque expertium. Nulla sunt enim, ut mea fert opinio, quae dicta ad populum, magis ridicula videantur; neque quae apud ingenuos prolata, magis mirabilia et divina. Saepe vero dicta semperque audita et multis annis, vix tandem velut aurum cum magno labore purificantur.*

196 Die Tendenz der frühen Pythagoreer zur Geheimhaltung ihres Wissens bezeugen Aristoteles (frg. 192 Rose) und Aristoxenos (frg. 43 Wehrli). Vgl. dazu auch Zeller ($^7$1923) 409 Anm. 2; Burkert (1972) 178–179; Szlezák (1985) 401.

*vel contemnat*) falsche Schlüsse ziehte (*incidat in errores*). Als Beispiel für das pythagoreische Verhalten führt Ficino den Brief des Pythagoreers Lysis (*Lysidis Pythagoraei*) an Hipparchos an[197]. Darin ist, so Ficinos Kommentar, zu lesen, dass es nicht fromm (*pium*) sei, die *mysteria philsophiae* (sic!) jenen mitzuteilen, die *ne somniare quidem purificationem animi potuerunt*. Außerdem gäbe es auch einige *mysteria theologorum circa Deum*, die nicht nur dem einfachen Volk (*vulgum*), sondern auch sehr vielen Höhergestellten (*elegantes*) zusetzten (*fatigant*).

Kaum zu bestreiten ist die intentionale Ähnlichkeit der beiden Stellen. Während Ficino auf die *mysteria philosophiae* als dem Hauptinteresse platonischen Gedankenguts verweist und durch den Hinweis auf den Brief des Lysis das Beispiel der *mysteria theologorum circa Deum* anführt, übergeht Cano den ersten Teil von Ficinos Erläuterung und übernimmt lediglich den zweiten Zusatz zur Bestätigung der eigenen Argumentation. Vor diesem Hintergrund ist es sicher möglich, das Auftreten von Canos seltsam anmutender Folgerung (*id vero maxime si ad res sacras mysterium pertineret*), eindeutig zu erklären. Festzuhalten ist gleichermaßen, dass es sich bei Canos Zuweisung der Worte in Platons Brief um einen Fehler handelt, da die angeführten Aussagen in dieser expliziten Form darin nicht zu finden sind und diesem somit nicht entstammen können. Sie sind vielmehr, wie zu sehen ist, eine direkte Abschrift des erläuternden Kommentars von Ficino zu jener Stelle des platonischen Briefes.

## VIII.5 Ergebnis

Das Ergebnis der Untersuchung ist als solches zweigeteilt. Einerseits kann aus den angesprochenen Stellen geschlossen werden, dass Platons Stellung in Canos *loci* wider Erwarten alles andere als unbedeu-

197 Aus der Tradition ist bekannt, dass der Frevler Hippasos (oder Hipparchos) als erster eine mathematische Entdeckung des Pythagoras öffentlich bekannt gemacht haben soll. Seine Ordensbrüder reagierten darauf mit dem Ausschluss aus ihrer Gemeinschaft und errichteten sogar ein Grab für ihn, um seinen symbolischen Tod auszudrücken. Im sogenannten Lysis-Brief (p.114,10 Thesleff) schreibt Lysis, wenn Hipparchos weiter öffentlich philosophiere, sei er für ihn tot. Vgl. dazu die Zeugnisse bei Diels, Kranz 18,4; Szlezák (1985) 401–402.

tend ist. Obwohl er sich zwar klar, doch maßvoll für eine Präferenz des Aristoteles vor Platon ausgesprochen hat, kann mit aller Deutlichkeit nachgewiesen werden, dass philosophische Aussagen Platons in nicht geringer Zahl zur Untermauerung theologischer Argumentationen verwendet werden. Dass Cano insbesondere in der letzten vorgestellten Passage inhaltlich völlig korrekt auf die angeführte Stelle in Platons Brief verwiesen hat, um seine Argumentation durch ein *argumentum certum* der Philosophie zu untermauern, ist dabei nur ein Beispiel.

Andererseits ist es nicht zu bestreiten, dass Cano ganz offensichtlich Ficinos Übersetzung und dessen Kommentar sowohl zu Platons Brief wie auch generell zu Platons Schriften zurate gezogen hat. Nicht nur chronologisch scheint es sicher eher unwahrscheinlich, dass Cano unabhängig und unbeeinflusst zu derselben seltsamen Folgerung gekommen ist, die bereits Ficino niedergeschrieben hat. Somit wäre der Schluss erlaubt, dass Cano in seiner Auseinandersetzung mit Platons Schriften sicher lateinische Kommentare zur Hand genommen[198] und mit nicht gerade geringer Wahrscheinlichkeit aufgrund der fehlerhaften Interpretation Platons Werke wohl eher in Übersetzung als im griechischen Original gelesen hat.

198 Für den Zweiten Brief ist dies nicht unwahrscheinlich, da nach 1400 einzelne platonische Werke übersetzt vorlagen, so übersetzte z. B. Leonardi Bruni [Hankins (1990) I 29–80] neben dem *Phaidon*, der *Apologie*, dem *Kriton*, dem *Gorgias* auch die *Epistulae* mit Teilen des *Phaidros* und des *Symposium*.

# IX Addenda

## IX.1 Kopie der *Censura*, Padua 1714

CENSURA FRATRIS

RODERICI VADILÆI

Benedictini S. C. Majeſtatis a Sacris Concionibus, in libros de locis Theologicis admodum R. Patris Fratris Melchioris Cani, Sancti Dominici Monachi, Epiſcopi Canarienſis.

*DE Mandato Regii ſenatus, opus, cui titulus eſt, De locis Theologicis admodum R. Magiſtri Fratris Melchioris Cani, Ordinis ſancti Dominici Monachi, olim Canarienſis Epiſcopi inſpiciendum ac excutiendum accepi: Laborem ſane viribus ingenii mei longe diſparem ſentiens, non ſum averſatus: tum ob tanti Senatus dignitatem, cujus obſiſtere imperio citra graviſſimi criminis notam haud licebat: tum ob ejuſdem operis magnam toti Eccleſiæ utilitatem futuram: adde, quod ejuſdem authoris elucubrationes, hanc præſertim, perlegendi magno tenebar deſiderio. Itaque legi, evolvi, perlegi præſens opus. Sed quid potiſſimum in tanto quidem opere laudem, vix dicere queo. Nam ſi dictionis caſtitatem, elegantiam quæras, eam certe reperies, quę cum Ciceroniana conferri poſſit. Si vero rerum geſtarum hiſtoriam, rationemque tractandæ hiſtoriæ requiras, Salluſtio hiſtorico ſatis laudato, ſi non ſuperiorem, inferiorem profecto non invenies. Si autem Philoſophiæ ſubtilem accuratamque rationem percupias, hic compendio omnem Platonicæ, Ariſtotelicæque diſciplinæ rationem cumulatiſſime contemplari licebit. Si vero Theologiæ Scholaſticæ capiaris argumento, poſt Divum Thomam (quem ſemper excipiendum duxi) nullo ex multis, qui de hac Familia docte ac diſerte ſcripſerunt, inferiorem judicare licebit, ita ut vere illius non ſatis laudati Magiſtri Fratris Franciſci a Victoria diſcipulum eximium agnoſcere poſſis: cui omnes ſuos is author (quæ non ejus prudentiæ, eruditionis, modeſtiæ, ac humilitatis laus minima exiſtimanda eſt) progreſſus in re Theologica refert acceptos. Porro ſi juris Pontificii (cui author non contemnendam dedit operam) affectes peritiam, ex hujus Monachi laboribus compendiariam tractandi ejuſdem Juris rationem petere licebit. Jam vero ſi ſacrarum profunda literarum myſteria perſentire, ac perveſtigare cures, nullo, poſt illos magnos ſanctæ Eccleſiæ doctores, magiſtro plenius ac clarius diſces. Quid dicam de eo, quo adverſus omnes hæreti-*

*cos*

cos zelo accendebatur? quos sane ceu venaticus procul odorabatur canis, persequebaturque, magni illius Athanasii incorruptos ac catholicos referens mores, ac forte labores: quos omnes pro catholicæ veritatis amore instar magni patriarchæ Jacobi facile perpetiebatur. Cæterum tanti authoris utilitatem, doctrinam, omniumque disciplinarum tractandarum rationem, Christiane lector, Illustrissimo, ac Reverendissimo Archiepiscopo Hispalensi, Ferdinando Valdesio, supremo rerum fidei cognitori (quem hujus præclari operis hæredem reliquit) acceptam referto, qui summo curavit studio, ut præsens opus in lucem omnium utilitati profuturum ederetur. Nec minor, studiose lector, Illustrissimo ac Reverendissimo Domino Gasparo de Cuniga, Archiepiscopo Compostellano, summo S.C. M. Capellano gratia debetur, qui pro ea necessitudine, qua auctori devinctus erat, summopere studuit, ut quam brevi tam insigne opus in lucem ederetur. Quapropter opus tam elegans, eruditum, omniumque disciplinarum genere refertissimum (ut prætermittam valde catholicum, hisque calamitosis temporibus apprime utile, immo dicam necessarium) excudendum, non solum magna cum laude totius sanctissimi Patris Dominici Ordinis, sed etiam totius Hispaniæ, immo Ecclesiæ catholicæ, oppido duximus. Madriti 15. die mensis Augusti, anni Dominici M.D.LXII.

Rodericus Vadileus.

NOI

## IX.2 Transkript der *Censura*

Censura Fratris Roderici Vadilaei Benedictini,
S<acrae> C<aesareae> Majestatis a Sacris Concionibus, in libros de locis Theologicis admodum R. Patris Fratris Melchioris Cani, Sancti Dominici Monachi, Episcopi Canariensis.

De Mandato Regii senatus, opus, cui titulus est, De locis Theologicis admodum R<everendissimi> Magistri Fratris Melchioris Cani, Ordinis sancti Dominici Monachi, olim Canarinesis Episcopi, inspiciendum ac excutiendum accepi: Laborem sane viribus ingenii mei longe disparem sentiens, non sum adversatus, tum ob tanti Senatus dignitatem, cujus obsistere imperio citra gravissimi criminis notam haud licebat; tum ob ejusdem operis magnam toti Ecclesiae utilitatem futuram: adde, quod ejusdem authoris elucubrationes, hanc praesertim, perlegendi magno tenebar desiderio. Itaque legi, evolovi, perlegi praesens opus. Sed quid potissimum in tanto quidem opere laudem, vix dicere queo. Nam si dictionis castitatem, elegantiam quaeras, eam certe reperies, quae cum Ciceroniana conferri possit. Si vero rerum gestarum historiam, rationemque tractandae historiae requiras, Sallustio historico satis laudato, si non superiorem, inferiorem profecto non invenies. Si autem Philosophiae subtilem accuratamque rationem percupias, hic compendio omnem Platonicae, Aristotelicaeque disciplinae rationem cumulatissime contemplari licebit. Si vero Theologiae Scholasticae capiaris argumento, post Divum Thomam (quem semper excipiendum duxi) nullo ex multis, qui de hac Familia docte ac diserte scripserunt, inferiorem judicare licebit, ita ut vere illius non satis laudati Magistri Fratris Francisci a Victoria discipulum eximium agnoscere possis: cui omnes suos is author (quae non ejus prudentiae, eruditionis, modestiae, ac humilitatis laus minima existimanda est) progressus in re Theologica refert acceptos. Porro si juris Pontificii (cui author non contemnendam dedit operam) affectes peritiam, ex hujus Monachi laboribus compendiariam tractandi ejusdem Juris rationem petere licebit. Jam vero si sacrarum profunda literarum mysteria persentire, ac pervestigare cures, nullo, post illos magnos sanctae Ecclesiae doctores, magistro plenius ac clarius disces. Quid dicam de eo, quo adversus omnes haereticos zelo accendebatur? quos sane ceu venaticus procul odorabatur canis, persequebaturque, magni illius Athanasii incorruptos ac catholicos referens mores, ac fortes labores: quos omnes pro catholicae veritatis amore instar magni patriarchae

Jacobi facile perpetiebatur. Caeterum tanti authoris utilitatem, doctrinam, omniumque disciplinarum tractandarum rationem, Christiane lector, Illustrissimo, ac Reverendissimo Archiepiscopo Hispaniensi, Ferdinando Valdesio, supremo rerum fidei cognitori (quem hujus praeclari operis haeredem reliquit) acceptam referto, qui summo curavit studio, ut praesens opus in lucem omnium utilitati profuturum ederetur. Nec minor, studiose lector, Illustrissimo ac Reverendissimo Domino Gasparo de Cuniga, Archiepiscopo Compostellano, summo S<acrae> C<aesareae> M<ajestatis> Capellano gratia debetur, qui pro ea necessitudine, qua auctori devinctus erat, summopere studuit, ut quam brevi tam insigne opus in lucem ederetur. Quapropter opus tam elegans, eruditum, omniumque disciplinarum genere refertissimum (ut praetermittam valde catholicum, hisque calamitosis temporibus apprime utile, immo dicam necessarium) excudendum, non solum magna cum laude totius sanctissimi Patris Dominici Ordinis, sed etiam totius Hispaniae, immo Ecclesiae catholicae, oppido duximus.

Madriti 15. die mensis Augusti, anni Dominici M.D.LXII.
Rodericus Vadilaeus

## IX.3 Übersetzung der *Censura*

Urteil des Benediktinerbruders Rodrigo de Vadillo [Roderich Vadiläus], seiner heiligen kaiserlichen Majestät *a Sacris Concionibus*, zu den Büchern *De locis theologicis* des äußerst ehrwürdigen Vaters und Bruders Melchior Cano, Dominikaner, Bischof der Kanarischen Inseln.

Ich habe durch das Mandat des Königlichen Rats das Werk, dessen Titel De locis theologicis lautet, des äußerst ehrwürdigen Lehrers und Bruders Melchior Cano, aus dem Dominikanerorden, des ehemaligen Bischofs der Kanarischen Inseln, zur genauen Prüfung erhalten. Obwohl ich glaube, dass diese Aufgabe meine Fähigkeiten bei weitem übersteigt, wollte ich mich nicht widersetzen sowohl aufgrund des Ranges des so angesehenen Rates, dessen Befehl ich mich nur unter der Gefahr widersetzen konnte, für ein äußerst schwerwiegendes Vergehen gerügt zu werden, als auch aufgrund des großen Nutzens dieses Werkes, der sich für die ganze Kirche einstellen wird. Hinzu kommt noch, dass ich großes Verlangen verspürte, die ausgearbeiteten Schriften des Autors, insbesondere die vorliegende, zu lesen. Deshalb habe ich dieses Werk gelesen, überdacht und genau untersucht. Doch kaum vermag ich zu sagen, was an einer freilich so bemerkenswerten Schrift am meisten zu loben ist. Denn wenn man nach reinem Ausdruck und Eleganz fragt, dürfte man hier wohl sicher eine Diktion finden, die mit der des Cicero zu vergleichen ist. Wenn man aber nach historischen Tatenberichten und einer Methode sucht, wie Geschichte zu behandeln ist – der Historiker Sallust ist dabei besonders hervorzuheben –, dann dürfte man, wenn schon niemand bedeutenderen, so sicher auch niemand geringeren [als Cano] finden. Wenn man aber den scharfsinnigen und genau ausgearbeiteten Grundsätzen der Philosophie zugetan ist, dann wird man in diesem Kompendium das gesamte System der platonischen und aristotelischen Lehre am vollständigsten erfassen können. Sofern man aber durch ein Argument der scholastischen Theologie gewonnen wird, dann wird nach dem heiligen Thomas – ich glaubte, man müsse diesen stets herausnehmen – keiner seiner vielen Anhänger, die gelehrt und klug geschrieben haben, diesen [Cano] als geringeren beurteilen können, weshalb man ihn wirklich als herausragenden Schüler jenes nicht genug zu lobenden Lehrers und Bruders Francisco de Vitoria identifizieren kann. Auf diesen führt der Autor (das soll man als größtes Lob seiner Klugheit, Bildung, Maßhaltung und Demut erachten) seine gesamte Entwicklung zurück, die er in der Theologie gemacht hat.

Wendet man sich nun aber der Kenntnis des kanonischen Rechts (die Bemühung des Autors darum darf man nicht verachten) zu, wird man den Studien dieses Mönches eine geeignete Methode entnehmen können, jenes Recht zu behandeln. Strebt man jedoch danach, die tiefengründigen Geheimnisse der Heiligen Schriften zu erfassen und zu erforschen, kann man es nach den herausragenden Gelehrten der heiligen Kirche von keinem anderen Lehrer umfassender und besser lernen. Was soll ich aber darüber sagen, mit welchem Eifer er gegen alle Häretiker vorgegangen ist? Geradezu wie ein Jagdhund hat er sie schon aus der Ferne gerochen und verfolgt, wobei er sich auf die unverdorbene katholische Lebensführung und tapferen Anstrengungen jenes großen Athanasius berief. Alles ertrug er ganz leicht aus Liebe zur katholischen Wahrheit gleich dem großen Patriarchen Jakobus.

Dass wir den guten Dienst des Verfassers, dessen Lehre und Methode, alle Disziplinen zu behandeln, christlicher Leser, erhalten haben, muss dem hoch angesehenen und bedeutenden Erzbischof von Spanien, Fernando de Valdés, zugerechnet werden. Von ihm, dem höchsten Rechtsbeistand in Dingen des Glaubens (ihm als Erben hat Cano nämlich sein herrliches Werk überlassen), habe ich das Buch erhalten – er, der sich mit höchstem Eifer um die Veröffentlichung dieses Werkes zum Nutzen aller bemüht hat. Und nicht weniger Dank, geneigter Leser, gebührt dem hochangesehenen und verehrten Herrn Gaspar de Zúñiga, Erzbischof von Santiago de Compostela, dem hoch angesehenen Kaplan seiner heiligen kaiserlichen Majestät, der sich aufgrund der Freundschaft, mit der er dem Autor gegenüber verbunden war, sehr darum bemüht hat, dass ein so bedeutendes Werk so schnell wie möglich veröffentlicht wurde. Daher glaube ich, dass das so geschmackvolle, gelehrte und mit allen Disziplinen in einem Höchstmaß erfüllte Werk (ich möchte ‚äußerst erforderlich' sagen, um gerade in diesen gefährlichen Zeiten den Ausdruck ‚sehr katholisch' und ‚besonders nützlich' wegzulassen), das geprüft werden soll, nicht nur das große Lob des gesamten Ordens des hochheiligen Vaters Dominikus, sondern auch das von ganz Spanien, ja der ganzen Kirche verdient.

Madrid 15. August 1562.
Rodrigo de Vadillo

# X Literaturverzeichnis

## Textausgaben

Melchioris Cani de locis theologicis libri duodecim (Salamanca 1563).

Melchioris Cani de locis theologicis libri duodecim (Löwen 1564).

Melchioris Cani opera, in hac primum editione clarius divisa et praefatione instar prologi Galeati illustrata a P. Hyacintho Serry (Padua 1714).

Marsilio Ficino: Opera omnia. 2 Bände (Band 1 in zwei Teilen), Bottega d'Erasmo, Turin 1959–1962 (Nachdruck der Gesamtausgabe Basel 1576).

M. Pacuvii Fragmenta. Edited by G. D'Anna (Rom 1967).

Platonis opera. Edited by J. Burnet (Oxford 1900–1907).

Juan Vergara: Tratado de las ocho questiones del templo (Toledo 1552).

## Sekundärliteratur

M. von Albrecht: Geschichte der römischen Literatur Bd. I (München ²1994).

C. Augias: Die Geheimnisse des Vatikans (München 2011).

A. Badawi: La transmission de la philosophie greque au monde arabe (Paris 1968).

W. Baier u. a. (Hrsg.): Weisheit Gottes - Weisheit der Welt. FS J. Ratzinger (St. Ottilien 1987).

H. Beck (Hrsg.): Zur Geschichte der Gleichung "germanisch-deutsch". Sprache und Namen, Geschichte und Institutionen (Ergänzungsbände zum Reallexikon der germanischen Altertumskunde 34) (Berlin/New York 2004).

J. Belda Plans: Los lugares teológicos de Melchor Cano en los comentarios a la Suma (Pamplona 1982).

J. Belda Plans: La escuela de Salamanca y la renovación de la teología en el siglo XVI (Madrid 2000).

J. Belda Plans: Melchor Cano. De locis theologicis (Madrid 2006).

J. Belda Plans: Melchor Cano. Téologo y Humanista (1509–1560) (Valencia 2013).

G. Bellinger: Der Catechismus Romanus und die Reformation. Die katechetische Antwort des Trienter Konzils auf die Haupt-Katechismen der Reformatoren (Paderborn 1970).

V. Beltrán de Heredia: Colección de dictámenos inéditos del maestro fray Francisco de Vitoria, in: CTom 43 (1931) 169–180.

V. Beltrán de Heredia: Melchor Cano en la Universidad de Salamanca, in: CTom 48 (1933) 178–208.

F. Berger (Hrsg.): Symbolae Berolinenses für Dieter Harlfinger (Amsterdam 1993).

I. Jericó Bermejo: La Escuela de Salamanca (Madrid 2005)

J. Beumer: Positive und spekulative Theologie. Kritische Bemerkungen an Hand der Loci theologici des Melchior Cano, in: Scholastik 29 (1954) 53–72.

B. Bilinski: Contrastanti ideali di cultura sulla scena di Pacuvio (Rom 1962).

D. L. Blank: Anmerkungen zu Marsilio Ficinos Platohandschriften, in: F. Berger (Hrsg.): Symbolae Berolinenses für Dieter Harlfinger (Amsterdam 1993) 1–22.

E. Bolaffi: Sallustio e la sua fortuna nei secoli (Rom 1949).

D. Borobio: El sacramento de la penitencia en la Escuela des Salamanca (Salamanca 2006).

T. Brüggemann, O. Brunken (Hrsg.): Handbuch der Kinder- und Jugendliteratur. Band 1: Vom Beginn des Buchdrucks bis 1570 (Stuttgart 1987).

W. Burkert: Lore and Science in Ancient Pythagoreanism (Cambridge 1972).

F. Caballero: Vida del Illmo Sr. D. Fray Melchor Cano (Cuenca 1871; ND 1980).

F. Casado: En torno a la génesis del De locis theologicis de M. Cano, in: RET 32 (1972) 55–81.

Y. Congar: Die Tradition und die Traditionen Bd. 1 (Mainz 1965) 192–217.

B. Corell: Grobianus and Civilisation (Wisconsin 1982).

M. Deufert: Zur Datierung des Nonius Marcellus, in: Philologus 145 (2001) 137–149

M. Deufert: Textgeschichte und Rezeption der plautinischen Komödien im Altertum (Berlin/New York 2002).

A. E. Doskey: The Concept of Apostolic Tradition and Its Use in the Works of Melchior Cano (Diss. Washington 2018).

V. Muños Delgado: Lógica, ciencia y humanismo en la renovación teológica de Vitoria y Cano (Madrid 1980).

S. Ehses: Buchbesprechung, in: Historisches Jahrbuch der Görresgesellschaft 45 (1925) 570.

M. Erler: Platon, in: H. Holzhey (Hrsg.): Grundriss der Geschichte der Philosophie. Die Philosophie der Antike Bd. II,2 (Basel 2007).

M. Erler: Das Sokratesbild in Ficinos argumenta zu den kleineren Platonischen Dialogen, in: A. Neschke-Hentschke (Hrsg.): Argumenta in Dialogos Platonis. Teil 1: Platoninterpretation und ihre Hermeneutik von der Antike bis zum Beginn des 19. Jahrhunderts. Akten des internationalen Symposions vom 27.-29. April 2006 im Istituto Svizzero di Roma (Basel 2010) 247–265.

R. Ferber: Die Unwissenheit des Philosophen oder Warum hat Platon die ‚ungeschriebene Lehre' nicht geschrieben (Sankt Augustin 1991).

L. Fränkel: Bemerkungen zur Entwicklung des Grobianismus, in: Germania 36 (1891) 181–193.

M. Fuhrmann: Die antike Rhetorik. Eine Einführung (Düsseldorf [2]2008).

G. Garbarino: Roma e la filosofia greca dalle origini alla fine de II secolo a.C. Raccolta di testi con introduzione e commento, vol. I: Introduzione e testi, vol. II: Commento e indici (Turin 1973).

G. C. Garfagnini (Hrsg.): Marsilio Ficino e il ritorno di Platone. Studi e documenti I (Florenz 1986).

G. Giersaths: Melchior Cano und die Geschichtswissenschaft, in: FZPhTh 9 (1962) 3–29.

M.-M. Gorce: François-Jacques-Hyacinthe Serry, in: DThC XIV (1941) 1957–1963.

J. Grimm, W. Grimm: Grobian, in: A. Hübner, H. Neumann (Hrsg.): Deutsches Wörterbuch. Band 4, Abteilung 1, Teil 6 (Leipzig 1935) Sp. 417–418.

D. Gutzen: Grobianismus, in: TRE 14 (1985) 256–259.

R. Häfer, M. Völkel (Hrsg.): Der Kommentar in der Frühen Neuzeit (Tübingen 2006).

J. Hankins: Some remarks on the history and character of Ficino's translation of Plato, in: G. C. Garfagnini (Hrsg.): Marsilio Ficino e il ritorno di Platone. Studi e documenti I (Florenz 1986) 287–304.

J. Hankins: Plato in the Italian Renaissance I (Leiden 1990).

E. Heimerl, K. Prenner (Hrsg.): Kultur und Erinnerung (Regensburg 2005).

R. Hermann: Zur Kontroverse zwischen Luther und Melanchthon, in: V. Vaita (Hrsg.): Luther und Melanchthon. Referate des Zweiten Internationalen Lutherforscherkongress (Göttingen 1961) 104–118.

R. Herzog, P. L. Schmidt (Hrsg.): Handbuch der lateinischen Literatur der Antike. Band I (München 1989).

E. Hilfstein, P. Czartorystki, F. D. Grande (Hrsg.): Science and history. Studies in honour of Edward Rosen (Wroclaw etc. 1978).

B. Hogenmüller: Ironie und Lüge: Antike Vorstellungen zur ‚Ironie' in Melchior Canos *De locis theologicis*", in: Rheinisches Museum 2/153 (2010) 501–512.

B. Hogenmüller: Cano und Terenz. Spuren des terenzischen Eunuchus in De locis theologicis, in: Rheinisches Museum 154 (2011) 413–416.

B. Hogenmüller: Cano und Carranza. Studien zur Authentizität von Melchior Canos Gutachten zu den „Comentarios al Catechismo christiano" (1558) des Bartolomé Carranza, in: Theologie und Philosophie 87/1 (2012) 18–24. [im Text: Hogenmüller: Cano und Carranza]

B. Hogenmüller: François-Jacques-Hyacinthe Serry OP. Theologe und Philosoph, in: Wort und Antwort 53,2 (2012) 83–85. [im Text: Hogenmüller: Serry]

B. Hogenmüller: Über die Orte der Theologie (De locis theologicis): Melchior Cano, Gaspard Juenin und Hieronymus Buzi im Vergleich, in: Würzburger Jahrbücher für Altertumswissenschaften 36 (2012) 169–184. [im Text: Hogenmüller: Orte der Theologie]

B. Hogenmüller: „Enemigo de los Jesuitas" – Melchior Canos Verhältnis zu den Jesuiten, in: Theologie und Philosophie 88/3 (2013) 389–396. [im Text: Hogenmüller: Jesuiten]

B. Hogenmüller: Das Konzept des dogmatischen Beweises am Beispiel der Unsterblichkeit der Seele in Melchior Canos Werk „De locis theologicis" (LT-XII,15), in: Perspektiven der Philosophie. Neues Jahrbuch Band 39 – 2013. Begründet von Rudolph Berlinger †. SCHRADER, Wiebke, Georges GOEDERT, Martina SCHERBEL (Herausgegeben von) (Amsterdam/New York, NY 2013) 301–323. [im Text: Hogenmüller: Dogmatischer Beweis]

B. Hogenmüller: Eine bisher unerkannte Juvenalstelle in Melchior Canos De locis theologicis, in: Philologus 158,2 (2014) 320–330.

B. Hogenmüller: Dedikation als Mittel taktischen Geschicks – Die Widmung von Melchior Canos de locis theologicis an den Großinquisitor Fernando de Valdés y Salas, in: Würzburger Jahrbücher für Altertumswissenschaften 41 (2017) 125–143. [im Text: Hogenmüller: Dedikation]

B. Hogenmüller: *Melchioris Cani Vindicationes, Quibus nonnullorum in ejus libros de locis Theologicis accusationes refelluntur* – Eine Studie zu den Vindikationen des François-Jacques-Hyacinthe Serry, Padua 1714, in: ZKTh 139 (2017) 298–315. [im Text: Hogenmüller: *Vindicationes*]

U. Horst: Das Verhältnis von Schrift und Tradition nach Melchior Cano, in: TThZ 69 (1960) 207–223.

A. Hübner, H. Neumann (Hrsg.): Deutsches Wörterbuch. Band 4, Abteilung 1, Teil 6 (Leipzig 1935).

A. Huerga: In M. Cani De Locis Theologicis opus scholia historiam spiritualitatis spectantia, in: Ang 38 (1961) 20–55.

D. R. Kelley: Tacitus noster: The Germania in the Renaissance and Reformation, in: T. J. Luce, A. Woodman (Hrsg.): Tacitus and the Tacitean Tradition (Princeton 1993) 152–167; 185–200

E. Klinger: Ekklesiologie der Neuzeit. Grundlegung bei Melchior Cano und Entwicklung bis zum 2. Vatikanischen Konzil (Freiburg 1978).

E. Klinger: Afrika und die Afrikaner – ein vergessener Ort der Theologie. Der Beitrag Melchior Canos zu einer Kultur des Erinnerns, in: E. Heimerl, K. Prenner (Hrsg.): Kultur und Erinnerung (Regensburg 2005) 139–152.

B. Körner: Melchior Cano, De locis theologicis. Ein Beitrag zur Theologischen Erkenntnislehre (Graz 1994).

B. Körner: Orte des Glaubens – loci theologici. Studien zur theologischen Erkenntnislehre (Würzburg 2014).

A. Kohlhage: 1549. Friedrich Dedekind (um 1525–1598): Grobianus. De morum simplicitate, libri duo. Frankfurt/M. 1549, in: T. Brüggemann, O. Brunken (Hrsg.): Handbuch der Kinder- und Jugendliteratur. Band 1: Vom Beginn des Buchdrucks bis 1570 (Stuttgart 1987) Sp. 673–674.

H. J. Krämer: Arete bei Platon und Aristoteles. Zum Wesen und zur Geschichte der platonischen Ontologie (Heidelberg 1959).

P. O. Kristeller: The first printed edition of Plato's works and the date of its publication (1484), in: E. Hilfstein, P. Czartorystki, F. D. Grande (Hrsg.): Science and history. Studies in honour of Edward Rosen (Wroclaw etc. 1978), 25–35.

Y. Lafrance: Pour interpréter Platon, 2. La Ligne en République VI,509d–511e. Le texte et son histoire (Montreal, Paris 1994).

A. Lang: Die Loci theologici des Melchior Cano und die Methode des dogmatischen Beweises. Münchner Studien zur historischen Theologie, Heft 6 (München 1925)

A. Lang: Melchior Cano, in: LThK II (Freiburg 1958) Sp. 918.

T. Leinkauf: Marsilio Ficinos Platon-Kommentar, in: R. Häfer, M. Völkel (Hrsg.): Der Kommentar in der Frühen Neuzeit (Tübingen 2006) 79–114.

M. Leumann, J. B. Hofmann, A. Szantyr: Lateinische Grammatik II (München 1972).

J. A. Llorente: Kritische Geschichte der spanischen Inquisition, Bd. 3 (Gmünd 1821).

T. J. Luce, A. Woodman (Hrsg.): Tacitus and the Tacitean Tradition (Princeton 1993).

K. Mathiessen: Die Tragödien des Euripides (München 2002).

G. Maurach: Seneca. Leben und Werk (München $^{4}$2005).

B. Meister: Grobian - eine Stimme erhebt sich (Zürich 2003).

M. Menéndez y Pelayo: Historia de las ideas estéticas en España (Madrid 1940).

M. Menéndez Pelayo: Historia de los heterodoxos españoles, Bd. 2 (Madrid 1992).

H. Menge: Lehrbuch der lateinischen Syntax und Semantik. Völlig neu bearbeitet von Thorsten Burkard und Markus Schäfer (Darmstadt 2000).

D. Mertens: Die Instrumentalisierung der „Germania“ des Tacitus durch die deutschen Humanisten, in: H. Beck (Hrsg.): Zur Geschichte der Gleichung "germanisch-deutsch". Sprache und Namen, Geschichte und Institutionen (Ergänzungsbände zum Reallexikon der germanischen Altertumskunde 34) (Berlin/New York 2004).

A. Neschke-Hentschke: Hierusalem Caelestis pro viribus in terris expressa. Die Auslegung der Platonischen Staatsentwürfe durch Marsilius Ficinus und ihre ‚Hermeneutischen Grundlagen', in: Würzburger Jahrbücher 23 (1999) 223–243.

A. Neschke-Hentschke (Hrsg.): Argumenta in Dialogos Platonis. Teil 1: Platoninterpretation und ihre Hermeneutik von der Antike bis zum Beginn des 19. Jahrhunderts. Akten des internationalen Symposions vom 27.-29. April 2006 im Istituto Svizzero di Roma (Basel 2010).

A. A. Novokhatko: The Invectives of Sallust and Cicero: critical edition with introduction, translation, and commentary (Berlin 2009).

T. O`Reilly: Melchior Cano and the Spirituality of St. Ignatius of Loyola, in: J. Plazaola (Hrsg.): Ignacio de Loyola y su Tiempo. Congresso International de Historia (9-13 Setiembre 1991) Universidad de Deusto (Bilbao 1992) 369–380.

S. Orrego Sánchez: La actualidad del ser en la "Primera Escuela" de Salamanca con lecciones inéditas de Vitoria, Soto y Cano (Pamplona 2004).

J. Orsier: Henri Cornélis Agrippa. Sa Vie et son Oeuvre d'après sa Correspondance (1486–1535) (Paris 1911).

E. Ortiguez, La tradition de l'Evangelie dans l'Eglise d'aprés la doctrine catholique, in: FV 49 (51) 317–321.

C. Oser-Grote: Die Autorität der Kirchenväter bei Melchior Cano (De locis theologicis, Buch VII) [unveröffentlicht].

D. Pérez Ramírez: Tarrancón es la patria de Melchor Cano. Nueva profundización sobre el lugar de naciemento del teólogo dominico, in: Cuenca 23–24 (1984) 95–128.

J. Plazaola (Hrsg.): Ignacio de Loyola y su Tiempo. Congresso International de Historia (9-13 Setiembre 1991) Universidad de Deusto (Bilbao 1992).

J. Quétif, J. Échard (Hrsg.): Scriptores Ordinis Praedicatorum recensiti notisque historicis et criticis illustrati, Bd. I und II (Paris 1719–1721).

J. Quétif, R. Coulon (Hrsg.): Scriptores Ordinis Praedicatorum, Erg.-Bd. 3 (Paris 1914).

T. Reinhardt: Marcus Tullius Cicero. Topica (Oxford 2003).

K. Reumann: Das antithetische Kampfbild (Berlin 1966)

E. I. J. Rosenthal: Averroes' Commentary on Plato's Republic, ed. with introd., transl. and notes (Cambridge 1956).

O. Ribbeck: Antikritische Streifzüge, in: RhM 50 (1895) 277–285.

J. Sanz y Sanz: Melchor Cano. Cuestiones fundamentales de crítica histórica sobre su vida y su escritos (Madrid 1959).

C. Schefer: Platons unsagbare Erfahrung. Ein anderer Zugang zu Platon (Basel 2001).

P. Schierl: Die Tragödien des Pacuvius (Berlin 2006).

S. Schmal: Sallust (Hildesheim 2001).

P. L. Schmidt: Traditio latinitatis (Stuttgart 2000).

W. Schmidt-Biggemann: Agrippa von Nettesheim, in: LThK I (Freiburg [3]1993) 251–251.

W. Schmidt-Biggemann: Apokalypse und Philologie (Göttingen 2007).

M. Schramm: Die Prinzipien der aristotelischen Topik (Jena 2003).

G. Schweikle, I. Schweikle (Hrsg.): Metzler Literatur Lexikon. 2., überarbeitete Aufl. (Stuttgart 1990) [Grobianismus] 185.

M. Seckler: Die ekklesiologische Bedeutung des Systems der loci theologici. Erkenntnistheoretische Katholizität und strukturale Weisheit, in: W. Baier u. a. (Hrsg.): Weisheit Gottes - Weisheit der Welt. FS J. Ratzinger (St. Ottilien 1987) 37–65.

M. Seckler: Die Communio-Ekklesiologie, die theologische Methode und die Loci-theologici-Lehre Melchior Canos, in: PATH 5 (2006) 17–43.

M. Sicherl: Neuentdeckte Handschriften von Marsilio Ficino und Johannes Reuchlin, in: Scriptorium 16 (1962), 50–61.

E. Stakemaier: Glaube und Rechtfertigung (Freiburg 1937).

R. M. Stein: Sallust for his readers, 410-1550. A study in the formation of the classical tradition (Diss. New York 1977).

M. Steinschneider: Die arabischen Übersetzungen aus dem Griechischen (Graz 1960).

T. A. Szlezák: Platon und die Schriftlichkeit der Philosophie. Interpretationen zu den frühen und mittleren Dialogen (Berlin 1985).

T. A. Szlezák: Platon lesen (Stuttgart, Bad Cannstadt 1993).

R. Syme: Sallust (Berkeley 1964).

J. Tellechea: Melchor Cano y Bartolomé Carranza. Dos Dominicos frente a frente, in: HispSac 15 (1962) 5–93;

J. Tellechea: Al Arzobispo Carranza y su tiempo (Madrid 1968).

V. Tenge-Wolf: François-Jacques-Hyacinthe Serry, in: LThK IX (1964) 490.

V. Vaita (Hrsg.): Luther und Melanchthon. Referate des Zweiten Internationalen Lutherforscherkongress (Göttingen 1961).

L. C. Valckenaer: Diatribe in Euripidis perditorum dramatum reliquias (Leipzig 1824).

B. Vancamp: Hippias maior, Hippias minor, textkritisch hg. (Stuttgart 1996).

H. Vester: Widukind von Korvei - ein Beispiel zur Wirkungsgeschichte Sallusts, in: AU 21,1 (1978) 5–22.

R. Walzer: Aflatun, in: Encyclopedia of Islam (Leiden, London $^{2}$1962) 234–236.

M. Wried: Juan Luis Vives, in: TRE 35 (2003) 173–175.

S. Wollgast: Agrippa von Nettesheim. Über die Fragwürdigkeit, ja Nichtigkeit der Wissenschaften, Künste und Gewerbe (Berlin 1993).

P. Zambelli: Agrippa von Nettesheim in den neueren kritischen Studien und in den Handschriften, in: Archiv für Kulturgeschichte 51 (1969) 264–295.

E. Zeller: Die Philosophie der Griechen in ihrer geschichtlichen Entwicklung I (Leipzig $^{7}$1923).

S. Zeller: Juan Luis Vives – (1492–1540) Wiederentdeckung eines Europäers, Humanisten und Sozialreformators jüdischer Herkunft im Schatten der spanischen Inquisition (Freiburg 2006).

C. Zeninger: Vocabularius Teutonico-Latinus. Mit einer Einleitung von Klaus Grubmüller (Hildesheim, New York 1976).

R. Zimmermann: Der Sallusttext im Altertum (München 1929).

Zeitfracht Medien GmbH
Ferdinand-Jühlke-Straße 7
99095 Erfurt, Deutschland
produktsicherheit@kolibri360.de